W0085917

Julie Andrieu

Schokomagie

Julie Andrieu

Schokomagie

Foodstyling Sandra Mahut
Fotos Charlotte Lascève und Karim Bagoée

Dorling Kindersley
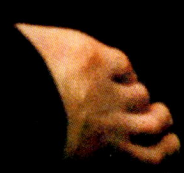

Basics

und kleine Extras

Saucen, Glasuren, Verzierungen ...
mit all diesen einfachen Kleinigkeiten
verhält es sich wie mit den Accessoires
in der Mode: Man könnte auch darauf
verzichten, und doch sind sie das Tüp-
felchen auf dem i, das den Genuss erst
vollkommen und jeden Kuchen und jedes
Dessert zu etwas Besonderem, nicht
Alltäglichem, ja sogar Festlichem macht.

Und das freut nicht nur das Auge, sondern vor allem den Gaumen. Denn was
wäre ein weicher Kuchen ohne eine kna-

ckige Schokoladenglasur, was eine Eiscreme ohne eine warme, samtige Schokoladensauce?

Und nicht zuletzt haben diese kleinen
Extras auch noch den entscheidenden
Vorzug, dass sie kinderleicht und im
Handumdrehen zuzubereiten sind. Und
sollten Sie dabei der Versuchung nicht
widerstehen können: Naschen ist
durchaus erlaubt!

Schokoladenglasur

200 g Schokolade (55–70 % Kakaoanteil)

70 g Butter

1 Prise Salz

Die Schokolade in kleine Stücke brechen und mit 4 Esslöffeln Wasser im Wasserbad schmelzen. Erst umrühren, wenn die Schokolade vollständig geschmolzen ist.

Die Butter in kleinen Stücken zugeben und danach 1 Prise Salz einrühren.

Damit sie gut haftet und sich gut verstreichen lässt, sollte die Glasur lauwarm sein. Denn kalt lässt sie sich nicht gut verstreichen, und wenn sie zu warm ist, ist sie zu flüssig und würde am Kuchen herunterrinnen.

Ein Stück Pappe in der Größe des Kuchens zurechtschneiden, den Kuchen daraufsetzen, die Glasur in die Mitte gießen und mit einer Palette verstreichen. Den Kuchen anschließend auf eine Servierplatte gleiten lassen.

10 - Basics und kleine Extras

Klassische Ganache

200 g Crème fraîche

300 g Zartbitterschokolade (70 % Kakaoanteil)

30 g Butter

Die Crème fraîche zum Kochen bringen, den Topf vom Herd nehmen und die zerkleinerte Schokolade hinzufügen. Glatt rühren und anschließend die Butter einrühren und Kuchen oder Pralinen damit füllen.

Während des Kochens kann die Ganache noch mit ½ Teelöffel gemahlenem Zimt oder 1 Esslöffel Orangenblütenwasser aromatisiert werden.

Die etwas andere Glasur

100 g Schokolade (70 % Kakaoanteil)
30 g Butter

Die Schokolade in Stücke brechen und bei sehr geringer Hitze oder im Wasserbad schmelzen. Sie können sie aber auch dreimal hintereinander für 30 Sekunden in die Mikrowelle (höchste Stufe) stellen. Sobald die Schokolade zu schmelzen beginnt, vorsichtig mit einem Spatel umrühren. Die Schokolade glatt rühren und die Butter in kleinen Stücken mit einem Holzkochlöffel einrühren. Den Topf vom Herd nehmen und die Glasur etwas abkühlen lassen.

Die lauwarme Glasur in einen flachen Teller gießen, die Hände (Handrücken und Handflächen) hineintauchen – und genüsslich abschlecken.

Mokka-Ganache

125 ml Milch (3,5 oder 1,5 % Fettgehalt)

140 g Schokolade (70 % Kakaoanteil)

2 Espressotassen starker Kaffee

1 TL gemahlener Zimt

1 ganz frisches Ei

Die Milch zum Kochen bringen.

Die zerkleinerte Schokolade mit Kaffee und Zimt hinzufügen und den Topf vom Herd nehmen. Die Zutaten mit dem Schneebesen verrühren, das Ei dazugeben und die Mischung mit dem Schneebesen glatt rühren. Bei Bedarf noch etwas mehr Kaffee einrühren.

In kleine Tassen füllen, abkühlen lassen, mit Frischhaltefolie abdecken und bis zum Servieren bei Zimmertemperatur stehen lassen.

Falls Sie die Creme in den Kühlschrank stellen müssen, weil Sie sie erst am nächsten Tag benötigen, nehmen Sie sie 1 Stunde vor dem Servieren heraus.

Sie können die Ganache noch mit 1 Esslöffel Orangen- oder Mandarinensaft anreichern, mit einer Sahnehaube oder wie einen Cappuccino mit aufgeschäumter Milch servieren.

Ganaches lassen sich gut als kleines Dessert oder nachmittags mit einer Tasse Kaffee servieren. Sie eignen sich aber auch zum Füllen von Biskuit-kuchen.

Schokolade schmelzen

Schokolade sollten Sie nur bei niedrigen Temperaturen schmelzen, weil sie sonst bitter wird. Beim Schmelzen darf keine Flüssigkeit zugegeben werden, die Schokolade würde sonst sofort erstarren. Hier die gängigsten Methoden:

In der Mikrowelle

Die Schokolade in Stücke brechen und je nach Menge 1–3 Minuten in einem hitzebeständigen Gefäß in die Mikrowelle (auf niedrigster Stufe) stellen. Herausnehmen und umrühren. Weiße Schokolade und Vollmilchschokolade immer bereits nach 1½ Minuten umrühren.

Im Wasserbad

Die Schokolade in Stücke brechen und in ein hitzebeständiges Gefäß geben. Das Gefäß auf eine Kasserolle oder einen Topf mit siedendem Wasser setzen (das Wasser darf nicht kochen) und die Schokolade, sobald sie zu schmelzen beginnt, regelmäßig umrühren. Bei weißer Schokolade und Vollmilchschokolade ununterbrochen rühren.

Bei sehr geringer Hitze auf dem Herd

Die Schokolade in Stücke brechen, in einen Topf geben und bei sehr geringer Hitze direkt auf der Herdplatte schmelzen.

Um Schokolade mit Crème fraîche zu schmelzen, die Crème fraîche auf dem Herd erhitzen, bis sie fast kocht. Die zerkleinerte Schokolade hineingeben, unter Rühren schmelzen lassen und glatt rühren.

Um sie mit Butter zu schmelzen, zunächst die Schokolade schmelzen lassen und anschließend die Butter in kleinen Stücken einrühren. (Butter schmilzt schneller als Schokolade. Deshalb darf sie erst hinzugefügt werden, wenn die Schokolade bereits geschmolzen ist.)

Auf die richtige Schokolade kommt es an

Regel Nr. 1

Lassen Sie sich nicht von der Werbung blenden, die ständig nur vom Kakaoanteil spricht – dieser ist bei Weitem nicht das einzige Qualitätskriterium. Eine gute Schokolade zeichnet sich vor allem dadurch aus, dass bei jedem Produktions-schritt mit besonderer Sorgfalt gearbeitet wurde. Und das ist gewiss nicht nur eine Frage von Prozenten.

Regel Nr. 2

Es ist empfehlenswert, bei Schokolade auf gute Markenprodukte zurückzugreifen. Denn es liegt in der Hand der großen Hersteller und einiger weniger kleiner Hand-werksbetriebe, welche Qualitätsstandards bei jedem der einzelnen Herstellungs-schritte angelegt werden. Sie sind es, die die Kakaobohnen auswählen – in der Regel nach Herkunftsländern, denn jeder Boden bringt Bohnen mit charakteristi-schem Aroma hervor. Im nächsten Schritt werden die Bohnen geröstet, damit sie ihr Aroma voll entfalten können, und schließlich gemahlen.

Die so gewonnene Kakaomasse wird mit Zucker und Milchpulver gemischt. Um der Schokolade ihren typischen Glanz und Schmelz zu verleihen, wird die flüssige Schokoladenmasse danach conchiert, das heißt geknetet, und weiter verfeinert. Im Anschluss daran wird sie temperiert und schließlich in Tafeln gegossen.

Regel Nr. 3

Überlegen Sie, was Sie mit der Schokolade machen wollen.

Zum Naschen nehmen Sie natürlich die Schokolade, die Sie am liebsten mögen. Bevorzugen Sie einen intensiven Kakaogeschmack, sollten Sie eine Schokolade mit hohem Kakaoanteil wählen. Bei Vollmilchschokolade dagegen dominieren Zucker und Milch. Weiße Schokolade enthält so gut wie keinen Kakao – für den typischen Schokoladengeschmack sorgt hier ausschließlich die Kakaobutter.

Zum Kochen und Backen nehmen Sie eine Schokolade mit hohem Kakaoanteil (mindestens 50 %), damit der Schokoladengeschmack nicht durch die anderen Zutaten überdeckt wird. Aber Achtung: Wenn Sie eine Schokolade mit 50 % Kakaoanteil durch eine Schokolade mit 70 % Kakaoanteil ersetzen wollen, sollten Sie wissen, dass sich dadurch nicht nur der Geschmack, sondern auch die Konsistenz des Endprodukts verändert. Denn je höher der Anteil an Kakaomasse und Kakaobutter ist, desto geringer ist der Zuckeranteil. Ein Kuchen, für den man anstelle einer Schokolade mit 70 % Kakaoanteil eine Schokolade mit 50 % Kakaoanteil verwendet, wird deshalb trockener und süßer sein, als eigentlich im Rezept beabsichtigt.

Zum Ausgießen von Formen und für Glasuren empfiehlt sich eine Kuvertüre, denn Kuvertüren haben einen höheren Kakaobutteranteil. Sie sind deshalb streichfähiger und verleihen dem Gebäck einen feinen, seidigen Glanz. Kuvertüren finden Sie im Supermarkt in den Regalen mit den Backzutaten.

Schlagsahne mit Schokoraspeln

500 g Sahne

120 g Zartbitterschokolade

(möglichst mit Kakaobohnensplittern)

40 g Zucker

2 Päckchen Bourbon-Vanillezucker

Die Sahne in eine große Schüssel gießen und 1 Stunde in den Kühlschrank bzw. 20 Minuten in die Gefriertruhe stellen.

Die Schokolade fein hacken.

Die Sahne mit dem Handmixer schlagen. Dabei auf niedrigster Stufe beginnen und die Geschwindigkeit allmählich erhöhen. Zucker und Vanillezucker einrieseln lassen.

Sobald die Sahne die gewünschte Steife hat und ihr Volumen verdoppelt hat (Achtung! Nicht zu lange und nicht zu kräftig schlagen, sonst wird sie zu Butter), den Mixer ausschalten und die Schokolade vorsichtig mit einem Spatel, besser noch mit einem biegsamen Plastikteigschaber unterheben.

Die Schlagsahne sofort servieren.

Die Schokolade zum Hacken auf ein großes Küchenbrett legen und ein Messer mit langer, scharfer Klinge verwenden. Den Griff mit einer Hand festhalten, die Handfläche der anderen Hand vorn auf die stumpfe Seite der Klinge legen und den Griff auf- und abbewegen (die Messerspitze sollte dabei unten bleiben).

Um die Schokolade besonders fein zu hacken, den Vorgang mehrmals in verschiedenen Richtungen wiederholen.

Leichte Schokoladensauce

75 g Schokolade (70 % Kakaoanteil)

120 g Zucker

1 TL Vanilleextrakt

400 ml Milch

150 ml Wasser in einem kleinen Topf erhitzen.

Sobald das Wasser heiß ist, die zerkleinerte Schokolade mit dem Schneebesen unterrühren. Den Zucker hinzufügen und so lange weiterrühren, bis er sich aufgelöst hat.

Die Mischung aufkochen und 5 Minuten köcheln lassen.

Den Topf vom Herd nehmen und den Vanilleextrakt unterrühren.

Zum Schluss nach und nach die Milch hinzufügen, bis die Sauce die gewünschte Konsistenz hat.

Die Sauce kann bereits im Voraus zubereitet werden. Dazu den Schokoladensirup (ohne die Milch) abkühlen lassen und in den Kühlschrank stellen. Er kann so einige Tage aufbewahrt werden.

Schoko-Orangenstäbchen

250 g Schokolade (70 % Kakaoanteil)

500 g kandierte Orangenstäbchen

Die Schokolade in kleine Stücke brechen, in einen kleinen Topf geben und bei geringer Hitze auf dem Herd oder im Wasserbad schmelzen. Sobald sie zu schmelzen beginnt, vorsichtig mit einem Spatel umrühren, bis sie flüssig und glatt ist. Den Topf danach vom Herd oder vom Wasserbad nehmen.

Die Orangenstäbchen einzeln mithilfe einer Zange zur Hälfte in die flüssige Schokolade tauchen und auf einem Stück Backpapier trocknen lassen.

Den Vorgang anschließend mit der anderen Seite der Stäbchen wiederholen, sodass sie am Schluss vollständig mit Schokolade überzogen sind, und die Stäbchen erneut auf Backpapier trocknen lassen.

Karamellsauce mit Balsamico-Essig

250 g Zucker

100 g Sahne

2 EL Balsamico-Essig

Ein wenig Wasser mit dem Zucker in einem Topf mit dickem Boden aufkochen und so lange kochen lassen, bis der Zucker zu karamellisieren beginnt. Dabei nicht umrühren. Den Topf vom Herd nehmen und die Sahne hinzufügen. Erneut aufkochen lassen, den Essig unterrühren und die Sauce vom Herd nehmen.

Passt vorzüglich zu Schokoladenkuchen.

Warme Schokoladensauce

1 Vanilleschote

250 g Sahne

200 g Schokolade (70 % Kakaoanteil)

Die Vanilleschote der Länge nach aufschlitzen und das Mark mit einem Teelöffel herauskratzen.

Die Sahne in einem kleinen Topf mit Vanilleschote und -mark erhitzen.

Inzwischen die Schokolade klein hacken.

Sobald die Sahne zu kochen beginnt, den Topf vom Herd nehmen, die Schokolade hinzufügen und so lange mit dem Schneebesen rühren, bis eine glatte Sauce entstanden ist.

Die Sauce warm oder lauwarm servieren.

Sahnige Karamellsauce

70 g Butter

80 g Kakaopulver

200 g Zucker

1 Prise Salz

Die Butter bei geringer Hitze in einer mittelgroßen Kasserolle zerlassen.

Sobald sie geschmolzen ist, Kakaopulver, Zucker und Salz hinzufügen und die Zutaten kräftig mit dem Schneebesen verrühren.

120 ml Wasser hinzufügen und die Sauce glatt rühren.

Die Sauce anschließend etwa 15 Minuten bei sehr geringer Hitze köcheln lassen, bis sie sehr dick ist.

Vom Herd nehmen und – beispielsweise mit einer Kugel Eiscreme – servieren.

Auf die gleiche Weise können Sie auch Schokoladenkaramellbonbons herstellen. Dazu die Zuckermenge auf 250 g erhöhen und gesalzene Butter verwenden. Die Sauce auf ein mit Butter eingefettetes Backpapier gießen, ein zweites Stück Backpapier darauflegen und die Masse mit dem Nudelholz gleichmäßig verteilen. 30 Minuten abkühlen lassen, das Papier abziehen und die Masse in kleine Würfel schneiden.

Die Bonbons sind zwar regelrechte »Plombenzieher«, aber trotzdem unwiderstehlich!

Die Sauce eignet sich zum Überziehen von Kuchen oder als Füllung für Makronen. Sie darf keinesfalls im Kühlschrank aufbewahrt werden.

Die Zubereitung ist sehr einfach, muss aber relativ schnell gehen. Deshalb unbedingt sämtliche Zutaten – abgewogen und abgemessen – bereitstellen, bevor Sie mit der Zubereitung beginnen.

Trink-
schokolade

Lange bevor es Schokolade, wie wir sie heute kennen, gab, schätzten sie die Azteken bereits als Getränk. Dazu wurden die Kakaobohnen, die ihnen im Übrigen auch als Zahlungsmittel dienten, geröstet und gemahlen, mit Wasser und Maismehl aufgeschäumt und mit Gewürzen verfeinert. Auf seiner vierten Expedition landete Christoph Kolumbus 1502 auf einer Insel namens Guanaja, vor der Küste des heutigen Honduras gelegen. Als Begrüßungstrunk servierte man ihm das Wertvollste, was das Land zu bieten hatte: eine Schale mit xocolatl. Da ihm der bittere Geschmack nicht zusagte, würdigte er jedoch die Bohnen, die ihm die Eingeborenen schenkten, kaum. Dennoch war er wohl der erste Europäer, der in den Genuss von Schokolade kam.

In diesem Kapitel finden Sie drei verschiedene Trinkschokoladenvarianten: Die erste stammt von einer lieben Freundin, die – ganz nebenbei gesagt – das beste Käsekuchenrezept ganz Frankreichs besitzt. Diese sahnige heiße Schokolade mit dem intensiven Kakaogeschmack zählt inzwischen zu meinen Klassikern.

Die »Heiße Schokolade mit grünem Tee« stammt aus Asien und hat den Vorzug, dass man sie zu jeder Jahreszeit genießen kann, denn sie schmeckt heiß wie kalt einfach köstlich. Der japanische Matcha ist der einzige Tee, der im Wasser aufgelöst wird, wozu man traditionell einen Bambusbesen verwendet. Das feine Pulver mit der intensiven, leuchtenden Farbe entfaltet dann ein kräftiges, herbes Pflanzenaroma. Bei einer Blindverkostung habe ich einmal eine Tischgesellschaft mit einem Dreikönigskuchen mit Matcha in die Irre geführt, denn alle haben mich zu diesem köstlichen »Spinatkuchen« (!) beglückwünscht. Sie können den Geschmack des Getränks mit etwas Milch abrunden, ich persönlich bevorzuge allerdings die Zubereitung mit Wasser. Und ganz wichtig: Grünen Tee keinesfalls mit Zucker süßen. Da sollten Sie standhaft wie ein Samurai sein!

Der frische, schaumige Smoothie ist eine angelsächsische Erfindung und besteht aus pürierten Früchten, die mit Banane gebunden und gesüßt werden.

Mein Schokoladen-Chaudfroid schließlich ist ein Getränk, für das man ein wenig Vorarbeit leisten muss, das aber kinderleicht zuzubereiten ist. Sie müssen nur eine Ganache herstellen, in einen Eiswürfelbehälter füllen und einfrieren. Die Eiswürfel gibt man anschließend in ein Glas heiße Milch – ein Getränk, das man, wie die Azteken ihr xocolatl, langsam und genüsslich schlürfen sollte.

Heiße Schokolade
à la Marianne

200 g Sahne
220 g Schokolade (50–60 % Kakaoanteil)
180 ml Milch

Die Sahne in einer mittelgroßen Kasserolle aufkochen.

Inzwischen die Schokolade klein hacken.

Sobald die Sahne kocht, den Topf vom Herd nehmen, die Schokolade hinzufügen und so lange mit dem Schneebesen rühren, bis die Schokolade geschmolzen und vollständig mit der Sahne vermischt ist. Die Mischung muss anschließend vollkommen glatt sein.

Die Milch mit dem Schneebesen unterrühren, die Schokolade noch einmal bei mittlerer Hitze heiß werden, aber nicht mehr zum Kochen kommen lassen.

Noch einmal mit dem Schneebesen durchrühren und mit einem Glas Wasser servieren.

Die Schokoladen-Sahne-Mischung kann zehn Tage in einem verschlossenen Behälter im Kühlschrank aufbewahrt werden. Für eine Tasse Schokolade benötigen Sie 60 ml davon, die mit 30 ml Milch verdünnt werden.
Ob Sie lieber Zartbitter- oder Vollmilchschokolade nehmen, bleibt ganz Ihnen überlassen. Das eine schmeckt so lecker wie das andere.

Schokoladen-Smoothie

40 G SCHOKOLADE (70 % KAKAOANTEIL)

8 KUGELN SCHOKOLADENEIS (ETWA 500 ML)

250 ML MILCH

4 EL CRÈME DOUBLE

1 BANANE, ZERDRÜCKT

2 EL KAKAOLIKÖR (NACH BELIEBEN)

2 TL HONIG

Die Schokolade raspeln und beiseitestellen.

Die Hälfte der Eiscreme mit Milch, Crème double, der Banane, Likör und Honig im Mixer oder in der Küchenmaschine verquirlen und auf Gläser oder Dessertschalen verteilen.

Jeweils 1 Kugel Schokoladeneis daraufsetzen, mit Schokoladenraspeln bestreuen und sofort servieren.

VARIANTE
Den Kakaolikör können Sie durch Malibu oder Cognac ersetzen.

Smoothie Sweet Cherry

60 G COCKTAILKIRSCHEN
4 EL GEMAHLENE KOKOSNUSS
500 ML MILCH
8 KUGELN SCHOKOLADENEIS

Die Kirschen mit der gemahlenen Kokosnuss und der Milch im Mixer schaumig schlagen.

4 Eiskugeln hinzufügen und weiterrühren.

Die 4 restlichen Eiskugeln auf Dessertschalen oder Gläser verteilen, mit dem Smoothie begießen und mit der restlichen gemahlenen Kokosnuss bestreuen.

VARIANTE
Die Cocktailkirschen lassen sich durch kandierte Orangenschalen oder 40 g kandierten Ingwer ersetzen.

CC-03 CPC

CM 843326

40 - *Trinkschokolade*

Heiße Schokolade mit grünem Tee

1 l Milch (3,5 oder 1,5 % Fettgehalt)
120 g Schokolade (50–60 % Kakaoanteil)
4 TL Matcha (japanischer gemahlener Grüntee)

42 - Trinkschokolade

Die Milch bei starker Hitze in einem kleinen Topf erhitzen.

Inzwischen die Schokolade in Stücke brechen.

Sobald die Milch zu kochen beginnt, den Topf vom Herd nehmen und die Schokolade mit einem Spatel einrühren.

Wenn die Schokolade vollständig geschmolzen ist, den Topf wieder auf den Herd stellen und die Mischung 5 Minuten bei sehr geringer Hitze köcheln lassen. Dabei kräftig mit dem Schneebesen rühren, damit die Schokolade schön glatt wird.

Die heiße Schokolade in einem feinen Strahl über das Teepulver laufen lassen, ohne dabei umzurühren.

Die Schokolade wie in Japan in Schalen servieren.

Plätzchen
und Kekse

Dies ist eines der längsten Kapitel dieses Buches. Die Erklärung liegt auf der Hand: Die kleinen Leckereien erfreuen sich immer und überall größter Beliebtheit.

Im Unterschied zu großen Kuchen braucht man außerdem keinen besonderen Anlass, um sie zu backen. Man tut es einfach so zum Zeitvertreib, aus Freude am Backen oder um Reste zu verwerten. Die Vielfalt ist riesig, doch eines haben all diese Minikuchen gemein: Sie halten sich nicht lange, und man sollte sie deshalb am besten gleich verspeisen.

Bei Kleingebäck ist es ganz wichtig, sich exakt an die Backzeiten, die Größe der Formen beziehungsweise der Teighäufchen, die auf das Backblech gesetzt werden müssen, und natürlich an die Temperaturangaben zu halten.

Je kleiner das Gebäck, desto kürzer die Backzeit und desto höher die Backtemperatur. Für welches Rezept Sie sich auch entscheiden, ich rate Ihnen, erst einmal ein paar Probestücke und nicht gleich ganze Bleche voll zu backen, denn die Temperatur kann je nach Backofen um bis zu 30% schwanken.

Und noch ein letzter Tipp: Wenn Ihnen nicht gerade ein Geburtstagskaffee ins Haus steht, backen Sie nicht den ganzen Teig, sondern legen ihn, zu Rollen geformt und in Frischhaltefolie verpackt, in den Kühlschrank oder die Gefriertruhe. So kann er einen Tag oder gar mehrere Monate aufbewahrt werden, und Sie müssen ihn nur noch schneiden und backen, wenn Sie gerade Lust darauf haben.

Mandelkrokant mit Schokolade

150 g Mandelblättchen
250 g Zucker
50 g Zartbitterschokolade (70 % Kakaoanteil)
30 g Kakaopulver

Den Backofen auf 180 °C vorheizen.

Die Mandeln auf einem Backblech verteilen und 10 Minuten im Backofen rösten. Nach 5 Minuten einmal kurz am Blech rütteln, damit die Mandeln gleichmäßig gebräunt werden.

Sobald sie leicht gebräunt sind, das Blech aus dem Ofen nehmen, die Mandeln abkühlen lassen und anschließend mit den Fingern zerkleinern.

In einer Kasserolle mit dickem Boden (möglichst aus Kupfer oder Gusseisen, weil sich die Wärme darin besser verteilt) den Zucker mit 6 Esslöffeln Wasser karamellisieren lassen.

Den Topf vom Herd nehmen, solange der Karamell noch leicht flüssig ist, nacheinander Schokolade, Kakao und Mandeln hinzufügen und die Zutaten kräftig mit dem Schneebesen vermengen.

Die Mischung sofort auf einem mit Öl eingefetteten Marmorbrett oder einem Stück Backpapier verstreichen, mit einem zweiten Stück Backpapier abdecken und mit dem Nudelholz etwa 3 mm dick ausrollen.

Abkühlen lassen, das Papier abziehen und den Krokant in Stücke brechen. Er kann – in eine Plastiktüte verpackt – einen Monat aufbewahrt werden.

Mandeln am besten im Backofen rösten, denn so werden sie sanfter und gleichmäßiger gebräunt als in der Pfanne und können überdies nicht so schnell anbrennen.

Schokoladen-Financiers

150 g Sahne

150 g Zartbitterschokolade (70 % Kakaoanteil)

60 g Butter

40 g Mehl

½ TL Backpulver

60 g Puderzucker

40 g gemahlene Mandeln

3 Eiweiß

1 Prise Salz

Den Backofen auf 180 °C vorheizen.

Die Sahne bei mittlerer Hitze in einem Topf aufkochen. Den Topf vom Herd nehmen, sobald sie zu kochen beginnt, die klein gehackte Schokolade hinzufügen und unter Rühren schmelzen lassen.

In einem zweiten Topf die Butter bei mittlerer Hitze zerlassen. Sobald sie ein leichtes Haselnussaroma verströmt, in ein Glas- oder Porzellangefäß gießen und abkühlen lassen.

In einer Schüssel das Mehl mit Backpulver, Zucker und den gemahlenen Mandeln mischen. Die Eiweiße mit dem Salz steif schlagen und die Mehlmischung dazugeben und unterheben. Anschließend die abgekühlte Butter und zum Schluss die Sahne-Schokoladen-Mischung unterrühren.

Den Teig auf Financier-Förmchen verteilen – Sie können auch eine Madeleine- oder Mini-Muffinform verwenden – und 20–25 Minuten backen.

Schokoladen-Fudge mit Erdnussbutter

180 g Schokolade (70 % Kakaoanteil)

210 g gezuckerte Kondensmilch

150 g cremige Erdnussbutter

70 g Kakaopulver

Die Schokolade in kleine Stücke brechen und in einem mikrowellengeeigneten Gefäß oder einem Topf mit Kondensmilch und Erdnussbutter vermengen. Die Schokolade im Wasserbad oder in der Mikrowelle (2 Minuten) schmelzen lassen und umrühren.

Ein großes Stück Backpapier auf der Arbeitsfläche ausbreiten, die Mischung ½ cm dick darauf verstreichen, mit einem zweiten Stück Backpapier abdecken und mit dem Nudelholz glätten.

Auf eine Platte gleiten lassen und mindestens 2 Stunden in den Kühlschrank stellen.

In kleine Stücke schneiden und mit dem Kakaopulver in einen sauberen Plastikbeutel geben. Den Beutel verschließen und so lange schütteln, bis die Quadrate damit überzogen sind. In ein Sieb schütten, um den überschüssigen Kakao zu entfernen.

Die Fudges zum Kaffee servieren.

Schokoladen-Kokos-Makronen

100 G ZARTBITTERSCHOKOLADE (70 % KAKAOANTEIL)

4 EIWEISS

1 PRISE SALZ

110 G ZUCKER

180 G KOKOSRASPEL

Den Rost auf der mittleren Schiene des Backofens einschieben und den Ofen auf 170 °C vorheizen.

Ein Backblech mit Backpapier auslegen.

Die Schokolade in kleine Stücke brechen.

Die Eiweiße mit dem Salz mit dem Handmixer steif schlagen. Den Zucker in den noch weichen Eischnee einrieseln lassen. Anschließend zunächst die Kokosraspeln und danach die Schokoladenstückchen vorsichtig mit einem biegsamen Plastikteigschaber unterheben.

Mit einem Teelöffel Häufchen von der Masse abstechen, auf das Backblech setzen und 15 Minuten backen.

Die Makronen aus dem Ofen nehmen, mit dem Papier auf ein Kuchengitter gleiten und auskühlen lassen.

Die Schokoladen-Kokos-Makronen nicht länger als 12 Stunden aufbewahren, sie werden sonst weich.

VARIANTE Die Schokolade durch in Rum eingeweichte Rosinen ersetzen. Die Backzeit verlängert sich dann etwas.

Florentiner

120 G KORINTHEN

60 G CORNFLAKES

60 G MANDELBLÄTTCHEN, GERÖSTET

110 G COCKTAILKIRSCHEN, KANDIERTE ORANGENSCHALE ODER
KANDIERTER INGWER

160 G GEZUCKERTE KONDENSMILCH

60 G ZARTBITTERSCHOKOLADE (70 % KAKAOANTEIL)

60 G WEISSE SCHOKOLADE

Den Backofen auf 180 °C vorheizen.

Zwei Backbleche mit Backpapier auslegen.

Die Korinthen mit Cornflakes, Mandelblättchen, Cocktailkirschen und der Kondensmilch mischen.

Kleine, leicht gewölbte Taler aus der Mischung formen und im Abstand von 5 cm auf den Blechen verteilen. Die Florentiner 6 Minuten backen, bis sie leicht gebräunt sind, und auf dem Blech auskühlen lassen.

Inzwischen die Schokolade getrennt im Wasserbad oder in der Mikrowelle schmelzen.

Die Hälfte der Florentiner mit der flachen Seite in die dunkle und die andere Hälfte in die weiße Schokolade tauchen und trocknen lassen.

Für 4 Personen • Zubereitung 10 Minuten • Backzeit 10 Minuten

Brüsseler Schokoladenwaffeln

40 g Butter

125 g Mehl

2 Päckchen Vanillezucker

2 EL Kakaopulver

1 Päckchen Backpulver

200 ml Milch

2 Eier, getrennt

1 Prise Salz

Die Butter in einem kleinen Topf zerlassen, anschließend vom Herd nehmen und etwas abkühlen lassen.

In einer Schüssel das Mehl mit Vanillezucker, Kakao- und Backpulver mischen.

Die Hälfte der Milch, die Eigelbe und die lauwarme Butter hinzufügen und die Zutaten mit dem Schneebesen verrühren.

Die restliche Milch dazugeben und den Teig nochmals durchrühren.

Die Eiweiße mit dem Salz mit dem Handmixer steif schlagen. Dabei auf niedrigster Stufe beginnen und die Geschwindigkeit allmählich erhöhen. Den Eischnee anschließend mit einem weichen Plastikteigschaber vorsichtig unter den Teig heben.

Die Waffeln innerhalb der nächsten halben Stunde backen. Dazu das Waffeleisen erhitzen. Ein Stück Küchenpapier mit Öl tränken und das Eisen damit ausreiben. Einen kleinen Schöpflöffel Teig in das heiße Eisen gießen (je heißer das Eisen, desto knuspriger werden die Waffeln) und wie in der Gebrauchsanweisung des Gerätes angegeben backen (etwa 3 Minuten).

Wer es besonders »schokoladig« mag, kann dazu noch eine Schokoladensauce servieren.

Extraleichte Schokoladen-Macarons

110 g sehr fein gemahlene Mandeln
45 g Kakaopulver
180 g Puderzucker
6 Eiweiß
Saft von ½ Zitrone

Den Backofen auf 210 °C vorheizen.

Die gemahlenen Mandeln mit Kakaopulver und 100 g Puderzucker 2–3-mal durch ein Sieb streichen.

Die Eiweiße mit dem Zitronensaft in einer großen Schüssel mit dem Handmixer steif schlagen. Dabei auf niedrigster Stufe beginnen und die Geschwindigkeit allmählich erhöhen, schließlich den restlichen Puderzucker einrieseln lassen.

Die Mandelmischung zum Eischnee geben und mit einem biegsamen Plastikteigschaber unterheben. Dabei von der Mitte nach außen rühren und die Schüssel drehen.

Kleine Häufchen vom Teig abstechen, auf ein mit Backpapier ausgelegtes Backblech setzen und 3 Minuten backen.

Die Temperatur dann auf 180 °C verringern, die Makronen weitere 10 Minuten backen und danach auf einem Kuchengitter auskühlen lassen.

Schokoladentaler

100 G SCHOKOLADE (70 % KAKAOANTEIL)
50 G BUTTER, IN KLEINEN STÜCKEN

Die Schokolade in kleine Stücke brechen und bei sehr geringer Hitze oder im Wasserbad schmelzen. Sobald sie zu schmelzen beginnt, mit einem Spatel rühren, bis sie glatt ist. Die Butter unterrühren und den Topf vom Herd nehmen.

Die Mischung esslöffelweise auf ein eingeöltes Marmorbrett, eine Silikonbackmatte oder ein mit Öl eingefettetes Pergamentpapier (das Papier an den Ecken mit Gewichten fixieren) gießen und mit dem Löffelrücken zu kleinen Talern formen.

Die Taler anschließend abkühlen lassen, bis sie sich leicht von der Unterlage ablösen lassen.

VARIANTE

Die Taler noch mit Nüssen oder Trockenfrüchten – zum Beispiel geschälten Mandeln, Pistazien oder Rosinen – bestreuen.

Schokoladen-Macarons

250 g Zucker

125 g gemahlene Haselnusskerne

125 g gemahlene Mandeln

60 g Kakaopulver

4 Eiweiß

Den Backofen auf 210 °C vorheizen.

In einer großen Schüssel Zucker, Nüsse, Mandeln und Kakaopulver mischen. Die ungeschlagenen Eiweiße hinzufügen und die Zutaten mit dem Schneebesen vermengen.

Ein Backblech mit Backpapier auslegen, mit einem Teelöffel Häufchen vom Teig abstechen, auf das Backblech setzen und je nach Größe 7–8 Minuten backen.

Die Macarons vom Blech nehmen und auf einem Kuchengitter auskühlen lassen.

Die Macarons können selbstverständlich auch ausschließlich mit gemahlenen Mandeln zubereitet werden.

Echt französisch wird es, wenn Sie die Hälfte der Macarons mit Ganache bestreichen und mit der anderen Hälfte – wie auf dem Foto – zu »Doppeldeckern« zusammensetzen.

Saftige Schokoladen-Macarons

125 g Schokolade (50–60 % Kakaoanteil)

1 TL Vanilleextrakt

150 g gemahlene Mandeln

115 g Zucker

2 Eiweiß

Den Backofen auf 180 °C vorheizen.

Die Schokolade in Stücke brechen und in einer großen Kasserolle bei sehr geringer Hitze oder im Wasserbad schmelzen. Sobald sie zu schmelzen beginnt, vorsichtig mit einem Spatel rühren, bis sie glatt ist. Vanille, Mandeln, Zucker und die ungeschlagenen Eiweiße dazugeben und die Zutaten 1 Minute mit dem Handmixer verrühren.

Ein Backblech mit Backpapier auslegen.

Mit einem Esslöffel Häufchen vom Teig abstechen und auf dem Backblech verteilen.

Die Macarons 13–14 Minuten backen, anschließend auf einem Kuchengitter etwas abkühlen lassen, vorsichtig vom Backpapier ablösen und vollständig auskühlen lassen.

Wenn Sie das Gebäck länger als 12 Stunden aufbewahren wollen, füllen Sie es in einen Plastikbeutel, den Sie luftdicht verschließen.

Mini-Madeleines mit Schokostückchen

100 g Butter + 20 g für die Form

50 g Mehl

100 g Puderzucker

50 g gemahlene Mandeln

1 Prise Salz

4 Eiweiß

1 TL Honig

50 g Zartbitterschokolade

Den Backofen auf 220 °C vorheizen.

Eine Mini-Madeleineform mit Butter einfetten.

Die Butter bei mittlerer Hitze in einem kleinen Topf zerlassen, bis sie goldbraun ist. Den Topf vom Herd nehmen und die Butter abkühlen lassen.

Das Mehl mit Puderzucker, Mandeln und Salz mischen.

Die Eiweiße hinzufügen und die Zutaten zu einem glatten Teig verrühren. Butter und Honig mit einem Spatel unterrühren und den Teig mindestens 1 Stunde im Kühlschrank ruhen lassen.

Die Schokolade hacken und unter den Teig mischen.

Den Teig mit einem kleinen Löffel auf die Mulden der Form verteilen und 5–7 Minuten backen. Die Madeleines müssen anschließend schön aufgegangen und goldbraun sein. Aus dem Ofen nehmen, 5 Minuten abkühlen lassen und aus der Form stürzen. Den Vorgang so lange wiederholen, bis der Teig aufgebraucht ist. Lauwarm oder kalt servieren.

Die Madeleines in einer luftdicht verschlossenen Dose aufbewahren oder in ein Geschirrtuch einschlagen. Wenn Sie genug Zeit haben, die Mandeln vorher bei mittlerer Hitze ohne Zugabe von Fett in einer beschichteten Pfanne anrösten. Sie sind dann noch aromatischer.

Saftige Schokoladenwaffeln mit Kardamom

50 g Butter

3–4 Kardamomkapseln

2 Eier

250 g Mehl

2 Päckchen Vanillezucker

3 EL Kakaopulver

1 Prise Salz

1 Päckchen Backpulver

350 ml Milch

150 g Vollmilchschokolade

Die Butter in einem kleinen Topf zerlassen, vom Herd nehmen und etwas abkühlen lassen.

Die Kardamomkapseln zerdrücken, bis sie aufspringen, und die Samen im Mörser oder mit einer Messerklinge zerstoßen.

Die Eier in einer großen Schüssel schaumig schlagen.

In einer zweiten Schüssel das Mehl mit Vanillezucker, Kakaopulver, Salz, Kardamom und Backpulver mischen. Die Hälfte der Mischung mit den Eiern verrühren. Die Hälfte der Milch, die lauwarme Butter, die restliche Mehlmischung und die restliche Milch hinzufügen. Die Zutaten mit dem Schneebesen verrühren und den Teig 15 Minuten ruhen lassen.

Das Waffeleisen erhitzen. Ein Stück Küchenpapier mit Öl tränken und das Eisen damit einfetten. Einen kleinen Schöpflöffel Teig in das heiße Eisen gießen (je heißer das Eisen, desto knuspriger werden die Waffeln) und wie in der Gebrauchsanweisung des Gerätes beschrieben backen (etwa 3 Minuten).

Inzwischen die Schokolade in sehr kleine Stücke brechen, in die Waben der fertigen Waffeln streuen und die Waffeln sofort genießen.

VARIANTE: Die Waffeln noch mit Puderzucker bestäuben.

Der Kardamom kann auch weggelassen werden oder man ersetzt ihn durch ½ Teelöffel gemahlenen Zimt oder geriebene Tonkabohne.

Sandplätzchen mit Gianduja und Haselnüssen

60 g Haselnusskerne + 6 Haselnusskerne zum Verzieren

100 g weiche Butter, in kleinen Stücken

50 g Zucker

1 Päckchen Vanillezucker

125 g Mehl

40 g Kakaopulver

1 Prise Salz

½ TL gemahlener Zimt

40 g Gianduja (italienischer Haselnussnugat)

Die Nüsse ohne Zugabe von Fett in einer beschichteten Pfanne rösten, von den Häutchen befreien (die Nüsse dazu zwischen den Fingerspitzen reiben) und sehr fein hacken.

Butter, Zucker und Vanillezucker in einer großen Schüssel mit einer Gabel vermengen. Mehl, gehackte Haselnusskerne, Kakaopulver, Salz und Zimt hinzufügen, die Zutaten miteinander vermengen und den Teig zu zwei dicken Rollen formen.

In Frischhaltefolie verpacken und mindestens 1 Stunde in den Kühlschrank legen.

Den Backofen auf 180 °C vorheizen.

Ein Backblech mit Backpapier auslegen.

Die Teigrollen jeweils in 6 Scheiben schneiden und auf dem Backblech verteilen. Die Hälfte der Scheiben jeweils mit einem Stückchen Gianduja (etwa 6 g) belegen, eine zweite Scheibe darauflegen und leicht andrücken.

Die Kekse 14 Minuten backen. Das Blech nach der Hälfte der Backzeit aus dem Ofen nehmen, die Plätzchen umdrehen, jeweils 1 Haselnusskern in die Mitte drücken und das Gebäck fertig backen.

Lauwarm servieren.

Sie können den Zimt auch durch gemahlenen Ingwer und die Gianduja durch Schokolade ersetzen.

Müslischnitten mit Schokolade und Cranberrys

100 g Zartbitterschokolade (70 % Kakaoanteil)

125 g Kokosraspel

120 ml Ahornsirup

120 g weiche Butter

120 g Vergeoisezucker (ersatzweise Muscovadozucker)

210 g Buchweizen- oder Weizenvollkornmehl

160 g Haferflocken

100 g getrocknete Cranberrys (oder andere Trockenfrüchte)

1 TL gemahlener Zimt

Den Backofen auf 180 °C vorheizen.

Ein Backblech mit Backpapier auslegen.

Die Schokolade fein hacken.

In einer mittelgroßen Schüssel die Kokosraspel mit dem Sirup vermengen.

In einer großen Schüssel Butter und Zucker mit einer Gabel zu einer Paste zerdrücken.

Mehl, Haferflocken, Cranberrys, die Kokosmischung, den Zimt und 2 Esslöffel Wasser hinzufügen und die Zutaten sorgfältig vermengen.

Die Hälfte des Teigs auf dem Backblech zu einem 20 x 30 cm großen Rechteck verstreichen und mit den Schokoladenstückchen bestreuen. Den restlichen Teig darauf verstreichen und dabei leicht mit dem Rücken eines Löffels andrücken.

40 Minuten backen und danach auf einem Kuchengitter auskühlen lassen.

In Stücke brechen und in einer Keksdose aufbewahren.

Die Schnitten mit einer Tasse Tee oder Kaffee genießen oder zerkrümeln und unter einen Joghurt rühren oder zum Eis servieren. Die Trockenfrüchte und der Zimt können auch weggelassen werden.

Schokoladenbaisers

3 Eiweiß

165 g Zucker

1 EL Kakaopulver

Ein Stück Alufolie oder Backpapier auf den Backofenrost legen.

Den Backofen auf 120 °C vorheizen.

In einer großen Schüssel die Eiweiße mit dem Handmixer steif schlagen. Sobald der Eischnee fest zu werden beginnt, den Zucker löffelweise hinzufügen und so lange weiterschlagen, bis er sich aufgelöst hat. Zum Schluss das Kakaopulver mit einem biegsamen Plastikteigschaber untermischen.

Mit dem Spritzbeutel vier 10 cm lange Stränge als kleine Rosetten spiralförmig auf die Folie oder das Backpapier spritzen und die Baisers 45 Minuten im Backofen trocknen lassen, bis sie fest sind.

Schokoladen-Himbeer-Macarons

500 ml Kakaosorbet (s. u.)

250 g Himbeeren

4 Schokoladen-Macarons ohne Füllung (s. S. 62)

4 Himbeer-Macarons ohne Füllung (Fertigprodukt)

Beerencoulis (Sauce aus pürierten Früchten)

Das Sorbet etwas weich werden lassen.

Die Himbeeren zerdrücken. 8 Früchte zum Verzieren zurückbehalten.

Die Hälfte des Himbeerpürees unter das Sorbet mischen.

Die Makronen waagrecht halbieren. Auf die unteren Hälften der Schokoladen-Macarons jeweils 1 Teelöffel Sorbet geben. Anschließend die oberen Hälften der Himbeer-Macarons daraufsetzen.

Mit zwei Esslöffeln 4 Klößchen vom restlichen Sorbet abstechen und in der Mitte der Teller anrichten. Je zwei gefüllte Macarons dazugeben und mit den frischen Himbeeren garnieren.

Sofort mit dem Beerencoulis servieren.

Kakaosorbet

150 g Zucker

50 g dunkle Schokolade, in Stücke gebrochen

70 g Kakaopulver

Den Zucker in 500 ml Wasser aufkochen. Die Schokolade und den Kakao hinzufügen und ins Tiefkühlfach stellen. Von Zeit zu Zeit umrühren.

Probieren Sie die Macarons auch einmal mit anderen Früchten aus – zum Beispiel Passionsfrucht, Mango, Kiwi, Zitrone, Orange ...

Schokoladen-Amaretti

110 g Mehl

30 g Kakaopulver

1 Prise Salz

110 g weiche Butter

30 g Puderzucker

4 Tropfen Bittermandelaroma

1 TL Vanilleextrakt

In einer Schüssel das Mehl mit Kakaopulver und Salz mischen.

In einer zweiten Schüssel die Butter mit Puderzucker, Bittermandelaroma und Vanilleextrakt cremig rühren.

Die Mehlmischung mit einem biegsamen Plastikteigschaber untermischen.

Zwei Kugeln aus dem Teig formen (so wird er schneller kalt), in Frischhaltefolie einschlagen und mindestens 30 Minuten im Kühlschrank ruhen lassen.

Den Backofen auf 160 °C vorheizen. Aus jeder Teigkugel acht kleine Kugeln formen, auf dem mit Backpapier ausgelegten Backblech verteilen und 12 Minuten backen.

Die Amaretti anschließend auf einem Kuchengitter auskühlen lassen.

Die Amaretti sind innen wunderbar weich und saftig.

Schoko-Orangen-Biscotti

40 g kandierte Orangenschale

150 g Zucker

2 Päckchen Vanillezucker

40 g Butter, zerlassen

2 Eier

210 g Mehl

1 gehäufter TL Backpulver

50 g Kakaopulver

1 Prise Salz

100 g Pekannusskerne

Den Backofen auf 180 °C vorheizen.

Ein Backblech mit Backpapier auslegen.

Die kandierte Orangenschale in mittelgroße Stücke hacken.

Zucker und Vanillezucker mit der Butter verrühren. Anschließend die Eier einzeln unterrühren.

Das Mehl mit Backpulver, Kakao und Salz mischen und nach und nach unter die Zucker-Eier-Mischung rühren. Nüsse und gehackte Orangenschale hinzufügen. Den Teig in drei gleich große Portionen teilen und jeweils zu einem etwa 25 x 5 cm großen rechteckigen Strang formen.

Auf das Backblech legen und 20 Minuten backen.

Aus dem Ofen nehmen, 5 Minuten auf einem Kuchengitter abkühlen lassen und auf einem Küchenbrett mit dem Brotmesser in 1 cm dicke Scheiben schneiden.

Die Biscotti mit der Schnittfläche nach oben auf das Backblech legen und nochmals 15 Minuten im Backofen bräunen lassen.

Auf einem Kuchengitter auskühlen lassen und in einem luftdicht verschlossenen Plastikbeutel oder einer Keksdose aufbewahren.

Pekannüsse, Kakaopulver und Orangenschale können Sie durch 65 g geröstete Haselnüsse und 40 g Schokoladenstückchen ersetzen.

Sandplätzchen mit Minze und Schokolade

2 Zweige frische Minze

100 g Zartbitterschokolade (70 % Kakaoanteil)

1 Eigelb

100 g Zucker

80 g weiche Butter

140 g Mehl

1 gestrichener TL Backpulver

1 Prise Salz

Die Minze unter fließendem Wasser waschen und trocken tupfen. Die Blätter abzupfen und fein hacken.

Die Schokolade mit dem Messer hacken.

Eigelb und Zucker mit dem Schneebesen schaumig schlagen. Die Butter hinzufügen und die Zutaten mit einer Gabel vermengen. Mehl, Backpulver, Minze und Salz dazugeben, das Ganze kurz mit einem Spatel vermengen und danach die Schokolade untermischen.

Den Teig zu einer Rolle formen, in Frischhaltefolie einschlagen und mindestens 1 Stunde im Kühlschrank ruhen lassen.

Den Backofen auf 180 °C vorheizen.

Ein Backblech mit Backpapier auslegen.

Den Teig in zwölf Scheiben schneiden, auf dem Backblech verteilen und 10 Minuten backen.

Anschließend aus dem Ofen nehmen und mit dem Papier auf einem Kuchengitter auskühlen lassen.

Die frische Minze kann durch 1 Esslöffel getrocknete Minze ersetzt werden.
Besonders lecker schmeckt zu den Sandplätzchen eine mit Vanille aromatisierte Schlagsahne.

Brownies

Kaum ein Gebäck erfreut sich weltweit so großer Beliebtheit wie dieser amerikanische Schokoladenkuchen – und das nicht nur bei Kindern. Das mag nicht zuletzt daran liegen, dass ihn auch Ungeübte mühelos zubereiten können und dass man damit eine ganze Gästeschar bewirten kann, denn der Kuchen wird nach dem Backen traditionell in viele kleine Stücke geschnitten.

Doch Vorsicht: Wie alle einfachen Rezepte duldet der Brownie kein Mittelmaß. Schließlich weiß jeder, wie er schmecken und beschaffen sein muss, und kann deshalb genau beurteilen, ob Ihr Brownie wirklich gelungen ist oder nicht. Ich wage zu behaupten, dass meine Brownies mit Pekannüssen so etwas wie ein absoluter Klassiker sind. Die Zutaten bekommt man überall, und die Mengen sind im Prinzip immer dieselben: ein paar Eier (drei sind ausreichend für sechs

Personen), die gleiche Menge einer guten Zartbitterschokolade, Butter und Zucker, etwas Mehl und zwei Handvoll Nüsse. Nun muss man es nur noch schaffen, den Kuchen so zu backen, wie er sein muss, nämlich außen knusprig, innen aber weich und saftig. Und das kann zu einer echten Herausforderung werden. Bei mir hat es zehn Jahre gedauert, bis ich – bei der Vorbereitung dieses Buchs – endlich den alles entscheidenden Dreh gefunden habe (und allein schon dafür lohnt sich die Investition der paar Euro für dieses Buch): **Man muss die Brownies – besser gesagt die Form – unmittelbar nach dem Backen kurz in Eiswasser tauchen, um den Backvorgang zu stoppen.** Überzeugen Sie sich selbst und probieren Sie's aus!

Oft genügt eben schon eine winzige Kleinigkeit, um eine große Wirkung zu erzielen.

Brownie mit Feigen und Haselnüssen

100 g weiche Butter + 10 g für die Form

200 g getrocknete Feigen

100 g Zucker

2 Eier

180 g gemahlene Haselnusskerne

1 großer EL Speisestärke

50 g Kakaopulver

140 g Konditorcreme oder ¼ Päckchen Vanillepuddingpulver mit
150 ml Milch zubereitet

30 g gehackte Haselnusskerne

.

Den Backofen auf 160 °C vorheizen.

Eine viereckige Form mit 20 cm Seitenlänge mit Butter einfetten.

Die Feigen in schmale Streifen schneiden.

In einer mittelgroßen Schüssel Butter und Zucker mit dem Handmixer schaumig schlagen und danach die Eier einzeln unterrühren.

Gemahlene Haselnüsse, Stärke und Kakao mit einem Teigschaber untermischen.

Konditorcreme oder Vanillepudding nach Packungsanweisung zubereiten, etwas abkühlen lassen (er darf keinesfalls kochend heiß sein) und ebenfalls unterrühren.

Die Feigen untermischen, den Teig in die Form füllen, mit den gehackten Nüssen bestreuen und 30 Minuten backen.

Den Brownie auf einem Kuchengitter auskühlen lassen und anschließend in Würfel schneiden.

Brownie mit Pekannüssen

50 g Pekannusskerne (oder Walnusskerne)

200 g Butter, in kleinen Stücken + 15 g für die Form

200 g Schokolade (60–70 % Kakaoanteil)

3 große Eier (à etwa 65 g)

180 g Zucker

2 Päckchen Vanillezucker

80 g Mehl, gesiebt

Den Backofen auf 200 °C vorheizen und den Rost auf der mittleren Schiene einschieben.

Die Nusskerne in der Pfanne rösten, bis sie ihr Aroma entfalten.

Eine viereckige Backform oder eine Auflaufform mit 20 cm Seitenlänge mit Butter einfetten.

Die Schokolade in Stücke brechen und bei sehr geringer Hitze oder im Wasserbad schmelzen. Sobald sie zu schmelzen beginnt, mit einem Spatel umrühren. Wenn die Schokolade vollständig geschmolzen ist, die Butter unterrühren.

Die Eier mit dem Schneebesen kräftig mit Zucker und Vanillezucker verrühren. Nach und nach das Mehl auf die Masse sieben und die Nusskerne untermischen. Zum Schluss die Schokolade mit einem biegsamen Plastikteigschaber unterheben.

Den Teig in die Form füllen und 20 Minuten backen.

Kurz vor Ende der Backzeit eine Form (die etwas größer als die Backform sein sollte) zur Hälfte mit kaltem Wasser und Eiswürfeln füllen (oder Sie füllen das Spülbecken mit etwas Wasser und Eiswürfeln).

Den Kuchen aus dem Ofen nehmen, die Form in das Eiswasser stellen und den Kuchen so auskühlen lassen.

Den Kuchen nach dem Backen mindestens 1 Stunde ruhen lassen und mit Vanilleeis oder mit Vanille aromatisierter Schlagsahne servieren.

Durch das Abschrecken in Eiswasser bleibt der Brownie garantiert außen knusprig und innen weich.

Rösten Sie die Nüsse vorher in der Pfanne, damit sie ihr Aroma besser entfalten.

Soll der Brownie innen etwas stärker durchgebacken, aber trotzdem noch weich sein, können Sie die Backzeit um 15 Minuten verlängern und die Temperatur auf 150 °C reduzieren.

Brownie mit Haferflocken

200 g Schokolade (55–70 % Kakaoanteil)

50 g gesalzene Butter

75 g Haferflocken

25 g Milchpulver

1 EL Trockenhefe

1 Prise Salz

2 Eier

1 großer EL Melasse

1 TL Vanilleextrakt

60 g Pekannusskerne

FÜR DIE GLASUR

30 g Zartbitterschokolade, in kleine Stücke geschnitten

100 g Butter

1 EL Sahne

Den Backofen auf 160 °C vorheizen.

Die Schokolade in Stücke brechen und mit der Butter in der Mikrowelle schmelzen.

In einer großen Schüssel die Haferflocken mit Milchpulver, Hefe und Salz mischen. Die Eier einzeln unterrühren, Melasse und Vanille hinzufügen und die Zutaten nochmals gut verrühren. Schokolade und Nusskerne dazugeben und das Ganze mit einem biegsamen Plastikteigschaber zu einem glatten Teig verrühren.

Den Teig in eine kleine viereckige Form (etwa 20 cm Seitenlänge) füllen und 30 Minuten backen. Den Brownie danach aus dem Ofen nehmen und auf einem Kuchengitter auskühlen lassen.

Für die Glasur die Butter mit der Schokolade zerlassen, umrühren und die Sahne unterrühren. Die Glasur mit einer Palette auf dem Kuchen verstreichen, 2 Stunden im Kühlschrank fest werden lassen und den Brownie anschließend in Würfel schneiden.

Melasse, ein Nebenprodukt, das bei der Herstellung von Rohrzucker anfällt, hat einen Zuckergehalt von 50%. Melasse ist reich an Mineralsalzen und außerordentlich aromatisch. Ihr Geschmack erinnert an Süßholz.

Zusammen mit den Nusskernen können Sie noch 60 g fein gewürfelte, getrocknete Feigen unter den Teig mischen.

Biskuitrollen und Kekskuchen

Um ganz ehrlich zu sein: Ich bin kein Fan von Biskuitrollen!

Ich glaube, es ist die Angst davor, dass etwas schiefgehen könnte, die mich lähmt und die mich irgendwann zu der Überzeugung gelangen ließ, dass ich dieses Gebäck nicht mag. Zum Beweis folgende tränenreiche Anekdote: Weihnachten stand vor der Tür, und ich präsentierte seit zwei Jahren eine Kochsendung im französischen Fernsehen. Bis dahin hatte ich stets selbst entschieden, welche Rezepte gezeigt wurden. Die Inhalte der Sendung richteten sich also nach meinen kulinarischen Vorlieben, meinen Erfahrungen und ein bisschen auch nach der Jahreszeit.

Diesmal verlangte die Leiterin des Senders zum ersten Mal ein bestimmtes Rezept. Sie wollte eine Biskuitrolle (»wie sie meine Großmutter immer gemacht hat«). Und das mir! Guten Willens machte ich mich an die Arbeit, in dem Glauben, es würde genügen, einen Biskuitteig mit Konfitüre oder Ganache zu bestreichen und aufzurollen, genauso wie ich es mit meinen Hosen mache, bevor ich sie in den Koffer packe (die Konfitüre lasse ich dann natürlich weg). Die Proben waren eine einzige Katastrophe und die Aufzeichnung sollte sogar mit Tränen enden. Große Sorgen scheine ich damals nicht gehabt zu haben, wenn ich schon wegen eines misslungenen Kuchens in Tränen ausbrach. Inzwischen habe ich mich allerdings ein wenig mit der Biskuitrolle angefreundet – vor allem wenn ich sie beim Konditor kaufe.

Ansonsten bevorzuge ich eine stark verein-fachte Variante. Für die Bûche de Noël – eine Biskuitrolle mit Schokoladen-Buttercreme, die man in Frankreich traditionell an Weihnachten isst – dachte ich mir einen Trick aus, um mir die Arbeit zu erleichtern und mir vor allem das Aufrollen zu ersparen: Ich nehme eine Rolle aus fester Pappe, schneide sie oben auf, und lege sie mit dem gebackenen Biskuit aus, den ich dann nur noch mit meiner Mousse bestrei-chen muss.

Schneller Schokoladen-Kekskuchen

4 Tassen starker Kaffee

3 EL Orangenlikör

250 g Schokolade (50 % Kakaoanteil)

3 Eigelb

100 g Zucker

150 g weiche Butter

250 g Löffelbiskuits

FÜR DIE GANACHE

100 g Sahne

100 g Zartbitterschokolade

Den Kaffee kochen und in einer kleinen Schüssel mit dem Likör verrühren.

Die Schokolade in Stücke brechen und bei sehr geringer Hitze oder im Wasserbad schmelzen. Sobald sie zu schmelzen beginnt, vorsichtig mit einem Spatel umrühren. Den Topf anschließend vom Herd nehmen und beiseitestellen.

Eigelbe und Zucker mit dem Handmixer verrühren. Die Butter und danach die Schokolade mit einem Spatel unterrühren.

Eine Terrinen- oder Kastenkuchenform mit Pergamentpapier ausschlagen und eine Schicht Löffelbiskuits, die Sie zuvor im Kaffee getränkt haben, darin verteilen. Mit Schokoladencreme bestreichen, eine zweite Schicht Biskuits daraufgeben und ebenfalls mit der Creme bestreichen. Mit einer Schicht Biskuits abschließen und die Terrine 24 Stunden in den Kühlschrank stellen.

Für die Ganache die Schokolade in Stücke brechen. Die Sahne aufkochen, vom Herd nehmen und die Schokolade unter Rühren darin schmelzen, bis eine glatte Creme entstanden ist.

Kucken auf einen Teller stürzen, mit der Ganache bestreichen und sofort servieren.

Sie können die Löffelbiskuits auch durch Butterkekse oder zerkleinerte Baisers ersetzen.

Bûche de Noël mit Schokolade und kandierten Maronen

FÜR DEN BISKUIT

40 g Butter + 10 g zum Einfetten

3 Eier, getrennt

80 g Zucker

40 g Schokolade

50 g Mehl

40 g gemahlene Mandeln

FÜR DIE FÜLLUNG UND DIE GLASUR

400 g Sahne

400 g Schokolade (mindestens 70 % Kakaoanteil)

60 g Butter, in kleinen Stücken

2 Eigelb

30 g Zucker

2 EL Cognac oder Rum

9–10 kandierte Maronen

Den Biskuit herstellen

Den Backofen auf 200 °C vorheizen, ein Backblech mit Backpapier auslegen und das Papier mit Butter einfetten. Die Eigelbe und die Hälfte des Zuckers kräftig mit dem Schneebesen verrühren.

Die Eiweiße mit dem Handmixer steif schlagen. Wenn der Eischnee fast fest ist, nach und nach den restlichen Zucker hinzufügen.

Die Schokolade in Stücke brechen und in einem großen Topf bei sehr geringer Hitze oder im Wasserbad schmelzen. Sobald sie zu schmelzen beginnt, vorsichtig mit einem Spatel umrühren. Die Butter unter die vollständig geschmolzene Schokolade rühren und den Topf vom Herd nehmen.

Die Eigelbmischung unter die Schokolade rühren. Anschließend den Eischnee vorsichtig mit einem biegsamen Plastikteigschaber unterheben. Mehl und Mandeln dazugeben und unterrühren. Dabei von der Mitte zum Rand rühren und den Topf drehen.

Den Teig auf dem Backpapier verstreichen, mit einer Palette glatt streichen und 10 Minuten backen.

Inzwischen eine etwa 10 cm breite und 30 cm lange Papprolle vorbereiten, die Rolle über die gesamte Länge wie eine Dachrinne aufschneiden und mit Backpapier auslegen.

Den fertigen Biskuit 5 Minuten ruhen lassen und danach der Länge nach in zwei Streifen schneiden, wobei ein Streifen doppelt so breit sein muss wie der andere.

Die Papprolle mit dem breiten Streifen auslegen und überstehenden Teig abschneiden.

Die Füllung und die Glasur zubereiten

Die Hälfte der Sahne in eine Schüssel gießen und 15 Minuten ins Gefrierfach stellen.

Schokolade in kleine Stücke brechen und in einem großen Topf bei sehr geringer Hitze oder im Wasserbad schmelzen. Sobald sie zu schmelzen beginnt, vorsichtig mit einem Spatel umrühren. Die Butter unter die vollständig geschmolzene Schokolade rühren, den Topf vom Herd nehmen und die Mischung abkühlen lassen.

Die Eigelbe, Zucker und Cognac mit dem Schneebesen schaumig schlagen.

Die Sahne aus dem Gefrierfach nehmen und mit dem Handmixer zu Schlagsahne schlagen.

4 Maronen zerkrümeln. Die Eigelbmischung mit der geschmolzenen Schokolade verrühren. Die zerkrümelten Maronen untermischen und die geschlagene Sahne vorsichtig mit einem biegsamen Plastikteigschaber unterheben.

Die Creme auf dem Biskuit verteilen. Den schmaleren Biskuitstreifen darauflegen und die Bûche mindestens 3 Stunden in den Kühlschrank stellen.

Anschließend auf eine Platte stürzen.

Die restliche Sahne aufkochen und über die restliche zerkleinerte Schokolade gießen. Umrühren, bis die Schokolade geschmolzen ist, und die Bûche dick damit überziehen.

Mit den restlichen Maronen verzieren, in Scheiben schneiden und mit einer Vanillesauce servieren.

Wenn's besonders raffiniert sein soll, kann die Creme noch mit 1 Esslöffel Orangenblütenwasser aromatisiert werden.

Spekulatiusrolle mit Nüssen und Trockenfrüchten

300 g Sahne

10 g Rauchtee

100 g getrocknete Feigen

100 g Sultaninen

500 g Schokolade (70 % Kakaoanteil)

60 g Butter

100 g Walnusskerne

200 g Spekulatius oder andere Sandplätzchen

2 gehäufte Msp. Sichuan-Pfefferkörner

1 EL Kakaopulver

Die Sahne in eine kleine Schüssel gießen und 15 Minuten ins Gefrierfach bzw. 1 Stunde in den Kühlschrank stellen.

In einer kleinen Schüssel einen relativ starken Tee brühen.

Die Feigen fein würfeln und mit den Sultaninen im heißen Tee einweichen.

Die Schokolade in Stücke brechen und 3 Minuten in der Mikrowelle schmelzen. Umrühren, die Butter hinzufügen, nochmals 2 Minuten in die Mikrowelle geben und erneut umrühren.

Die Nusskerne grob hacken und die Kekse in kleine Stücke brechen. Den Pfeffer im Mörser (oder mit dem Boden eines Topfes) zerstoßen.

Die Sahne aus dem Gefrierfach nehmen und mit dem Handmixer nicht zu steif schlagen. Dann zunächst die Schokolade und danach die abgetropften Trockenfrüchte, Nusskerne, Kekse und Pfeffer vorsichtig mit einem biegsamen Plastikteigschaber unterheben.

Ein großes Stück Frischhaltefolie auf der Arbeitsfläche ausbreiten, die Mischung in einem 20 cm langen Streifen darauf verteilen, mit der Folie aufrollen und über Nacht in den Kühlschrank legen.

Die Folie entfernen, die Rolle mit Kakao bestäuben, in relativ dünne Scheiben schneiden und – nach Belieben mit einer Vanillesauce – servieren.

Wer einen herberen Geschmack bevorzugt, kann die Sultaninen durch Cranberrys oder fein gewürfelten kandierten Ingwer ersetzen.

Cakes

Der »Cake«, bei uns gemeinhin Kuchen genannt, ist eine angelsächsische Erfindung und unterscheidet sich vom klassischen runden Kuchen durch seine rechteckige Form, was seine Popularität nicht schmälert. Ganz im Gegenteil. Das liegt zweifellos daran, dass er besonders leicht zuzubereiten ist. Wobei meines Erachtens die Zubereitung salziger Cakes einfacher ist als die süßer Cakes. Werden Erstere doch in der Regel stets mit dem gleichen Grundteig hergestellt, den man nach Belieben mit allem Möglichen anreichern kann. Bei einem süßen Cake ist die Sache etwas komplizierter. Bereitet man ihn zum Beispiel mit Früchten zu, muss der Teig trockener sein, damit er die Feuchtigkeit aufsaugen kann. Anders verhält es sich, wenn man ihn mit Kakao zubereitet. Dann muss der Teig saftiger sein. Das erreicht man beispielsweise – ohne die Fettmenge zu erhöhen – durch Zugabe von Frischkäse, Joghurt, geriebenem Gemüse (Pastinaken passen hervorragend zu weißer Schokolade) oder indem man den Kuchen dämpft.

Eine Ausnahme stellt das fett- und zuckerarme Früchtebrot dar, das einfach trockener sein muss. Deshalb backe ich es etwas länger als im Rezept angegeben. Früchtebrot habe ich immer vorrätig, denn es ist bei Zimmertemperatur bis zu drei Monate haltbar. Probieren Sie unbedingt auch einmal den »Marmorkuchen à la Julie«. Ich habe diesen Kuchen, ob mit oder ohne Nutella, als Kind geliebt. Darum darf meine Version selbstverständlich in diesem Buch nicht fehlen.

So gelingt Ihr Cake garantiert:

1) Die Form sollte immer die im Rezept angegebene Größe haben. Ist sie zu groß für die Teigmenge, kann es sein, dass der Kuchen nicht aufgeht und zu trocken wird. Ist sie zu klein … muss ich dazu noch viel sagen?

2) In vielen Backbüchern wird empfohlen, die Form mit Butter einzufetten und mit Mehl auszustäuben. Bei Schokoladenkuchen verzichte ich auf das Mehl und streue die Form stattdessen mit Zucker aus, denn das Mehl hinterlässt einen unschönen weißen Schleier. Der Zucker hingegen verleiht dem Kuchen noch etwas angenehm Knuspriges. Wenn Sie fürchten, dass der Kuchen dadurch zu süß werden könnte, einfach die Zuckermenge im Teig etwas reduzieren.

3) Wenn Sie eine flexible Cake-Form verwenden, die Form vor dem Befüllen auf ein Backblech stellen, anders lässt sich die volle Form nicht zum Backofen transportieren.

4) Cakes beim Backen in herkömmlichen Backformen stets auf den Rost und nicht auf das Blech stellen, damit der Kuchen unten nicht anbrennt. Und das Backblech aus dem Ofen nehmen, damit die Hitze zirkulieren kann.

5) Damit der Teig schön weich und saftig bleibt, darf die Temperatur 180 °C nicht übersteigen. Dadurch ist die Backzeit relativ lang und der Kuchen kann oben zu dunkel werden. Um dies zu vermeiden, die Form nach zwei Drittel der Backzeit einfach mit Alufolie abdecken.

6) Damit der Cake möglichst lange frisch bleibt (bis zu zehn Tage), verpacken Sie ihn fest in Frischhaltefolie und bewahren ihn bei 2–4 °C im Kühlschrank auf.

Marmorkuchen à la Julie

100 g weiche Butter + 10 g für die Form

220 g Zucker

3 Eier, getrennt

220 g Mehl, gesiebt

1 Päckchen Backpulver

100 ml Milch

2 TL Vanilleextrakt

60 g Schokolade (70 % Kakaoanteil),
geraspelt oder in der Küchenmaschine gehackt

Den Backofen auf 150 °C vorheizen.

In einer mittelgroßen Schüssel Butter und Zucker mit dem Handmixer schaumig schlagen.

Die Eigelbe, das gesiebte Mehl mit dem Backpulver, Milch und Vanille unterrühren.

In einer zweiten Schüssel die Eiweiße mit dem Handmixer zu sehr festem Schnee schlagen und mit einem biegsamen Plastikteigschaber vorsichtig unter den Teig heben.

Eine Kastenform zur Hälfte mit dem Teig füllen. Die Schokolade darauf verteilen und mit dem restlichen Teig bedecken.

Den Kuchen 1 Stunde backen, anschließend auf einem Kuchengitter in der Form abkühlen lassen, bis er lauwarm ist. Aus der Form nehmen und lauwarm oder kalt servieren.

Schokoladen-Cake aus der Mikrowelle

150 g Zartbitterschokolade

125 g Butter, in kleinen Stücken

125 g Zucker

50 g Mehl

2 EL Kokoslikör

3 Eier

Die Schokolade in Stücke brechen und mit der Butter bei sehr geringer Hitze in einem mittelgroßen Topf schmelzen.

Sobald beides geschmolzen ist, den Topf vom Herd nehmen und umrühren. Zucker, Mehl, den Likör und die Eier hinzufügen und die Zutaten kräftig mit dem Schneebesen verrühren.

Den Teig in eine Silikon- oder Jenaer Glasform füllen und zweimal 3 Minuten bei 750 Watt in der Mikrowelle backen. Vor und nach dem zweiten Backgang jeweils 5 Minuten ruhen lassen.

Den Kuchen lauwarm oder kalt servieren.

Saftiger Schokoladen-Cake mit Walnüssen und Trockenfrüchten

FÜR 6 PERSONEN • ZUBEREITUNG 20 MINUTEN • BACKZEIT 20 MINUTEN

120 g Schokolade (70 % Kakaoanteil)
120 g weiche Butter + 10 g für die Form
40 g gemahlene Mandeln
90 g Zucker
40 g Walnusskerne, grob gehackt
40 g getrocknete Feigen (oder andere Trockenfrüchte,
z. B. Aprikosen oder Datteln)
4 Eiweiß
1 Prise Salz

Den Backofen auf 200 °C vorheizen.

Die Schokolade im Wasserbad oder in der Mikrowelle schmelzen und die Butter unterrühren.

In einer Schüssel die Mandeln mit dem Zucker mischen. Anschließend die Schokolade, die Walnusssplitter und die Trockenfrüchte untermengen.

Die Eiweiße mit dem Salz steif schlagen und unter den Teig heben.

Eine kleine Kastenform mit Butter einfetten, den Teig einfüllen und 15 Minuten backen. Den Kuchen auskühlen lassen und danach aus der Form stürzen.

Cake mit Pastinaken und weißer Schokolade

130 g weiche Butter + 10 g für die Form

130 g heller Vergeoisezucker (ersatzweise Muscovadozucker)

300 g Pastinaken

1 unbehandelte Orange

100 g Mehl + etwas mehr für die Form

100 g Vollkornmehl

1 TL Backpulver

1 Prise Salz

1 TL gemahlener Zimt

½ TL geriebene Muskatnuss

100 g weiße Schokolade

Den Backofen auf 170 °C vorheizen.

In einer mittelgroßen Schüssel Butter und Zucker mit dem Handmixer schaumig schlagen.

Die Pastinaken schälen und hacken oder raspeln.

Die Orange waschen, abtrocknen und dünn abschälen. Die Schale hacken. Den Saft auspressen und mit der Schale unter die Butter-Zucker-Mischung rühren.

In einer großen Schüssel das Mehl mit Backpulver, Salz, Zimt und Muskat mischen.

Nach und nach die Buttermischung mit dem Schneebesen unterrühren.

Eine Kastenform mit Butter einfetten und mit Mehl einstäuben. Den Teig bis auf einen kleinen Rest einfüllen.

Die Schokolade in Stücke brechen und die Stücke senkrecht in den Teig stecken. Mit dem restlichen Teig bedecken und den Kuchen 50 Minuten backen. Anschließend in der Form abkühlen lassen, bis er lauwarm ist, und danach aus der Form nehmen.

Lauwarm oder kalt servieren.

Wenn Sie keine Pastinaken bekommen, können Sie sie durch 3 zerdrückte Bananen ersetzen.

Schokoladen-Cake mit Frischkäse

100 g weiche Butter + 10 g für die Form

100 g Zucker

200 g Frischkäse

3 Eier

1 TL Vanilleextrakt

150 g Schokolade (70 % Kakaoanteil)

150 g Mehl

½ Päckchen Backpulver

2 EL Kakaopulver

100 g Schokolade (55 % Kakaoanteil)

Den Backofen auf 160 °C vorheizen.

Butter und Zucker in einer mittelgroßen Schüssel mit dem Handmixer schaumig schlagen.

Nacheinander Frischkäse, Eier und Vanille unterrühren.

Die Schokolade mit 70 % Kakaoanteil in Stücke brechen und bei sehr geringer Hitze oder im Wasserbad schmelzen. Sobald sie zu schmelzen beginnt, vorsichtig mit einem Spatel umrühren. Den Topf vom Herd nehmen, wenn die Schokolade vollständig geschmolzen ist.

In einer mittelgroßen Schüssel Mehl und Backpulver mischen.

Die geschmolzene Schokolade mit der Frischkäsemischung verrühren und nach und nach das Mehl unterrühren.

Eine Kastenform mit Butter einfetten und mit Kakaopulver ausstäuben.

Den Teig einfüllen, die restliche Schokolade in Stücke brechen und in den Teig stecken.

Den Kuchen 45 Minuten backen. In der Form auskühlen lassen, danach herausnehmen, in Scheiben schneiden und servieren.

Der Frischkäse und das lange Backen bei niedriger Temperatur machen den Kuchen saftig und locker. Der besondere Clou sind die knackigen Schokoladenstücke.

Honigkuchen mit Schokolade

100 g Butter, in kleinen Stücken +
15 g für die Form

120 g Zartbitterschokolade
(70 % Kakaoanteil)

130 g Honig

100 ml Öl

375 g Vollkornmehl

2 TL Backpulver

1 TL Salz

2 Msp. geriebene Muskatnuss

1 EL gemahlener Zimt

1 TL gemahlener Ingwer

1 EL Anissamen

2 Eier

80 g brauner Vergeoisezucker
(ersatzweise Muscovadozucker)

150 g Crème double

Den Backofen auf 160 °C vorheizen.

Eine Kastenform (24 cm lang) mit Butter einfetten.

Die Schokolade in kleine Stücke brechen und bei sehr geringer Hitze oder im Wasserbad schmelzen. Sobald sie zu schmelzen beginnt, vorsichtig mit einem Spatel umrühren. Butter, Honig und Öl hinzufügen, glatt rühren und vom Herd nehmen.

Das Mehl mit Backpulver, Salz und den Gewürzen mischen.

Eier und Zucker kräftig mit dem Schneebesen verrühren.

Eine Mulde in die Mehlmischung drücken, die Crème double hineingeben und das Ganze mit einem Holzkochlöffel zu einer dicken Paste verrühren.

Die Schokoladenmischung hinzufügen, den Teig glatt rühren und die Eier-Zucker-Mischung vorsichtig unterheben. In die Form füllen und alles 50 Minuten backen.

Auf einem Kuchengitter in der Form auskühlen lassen und danach aus der Form nehmen.

Den Kuchen bei Zimmertemperatur in Frischhaltefolie verpackt aufbewahren.

Durch das Dämpfen wird dieser Kuchen, obwohl er nur wenig Fett enthält, besonders locker und saftig. Verwenden Sie zum Backen eine Form aus Porzellan, Silikon oder Jenaer Glas, keinesfalls aber eine Aluminiumform.

Gedämpfter Schokoladen-Cake

75 g weiche Butter + 10 g für die Form

150 g Schokolade (55–70 % Kakaoanteil)

100 ml fettarme Milch

1 TL Instant-Kaffeepulver oder 1 Tasse starker Kaffee

75 g Vergeoisezucker (ersatzweise Muscovadozucker)

2 große Eier

120 g Mehl

1 TL Backpulver

1 Prise Salz

20 g gemahlene Mandeln oder Haselnusskerne

Wenn Sie das Grundrezept erst einmal beherrschen, können Sie es auf unterschiedlichste Weise – etwa mit Gewürzen wie Kardamom, Safran oder Gewürznelke – abwandeln oder Sie fügen beim Schmelzen der Schokolade einen Hauch Orangenblütenwasser oder 2 Esslöffel Cognac hinzu.

Eine runde Form (15–17 cm Ø) mit Butter einfetten.

Die Schokolade in Stücke schneiden und mit Milch und Kaffeepulver 1 Minute bei 750 Watt in der Mikrowelle oder in einem Wasserbad schmelzen. Umrühren und beiseitestellen.

In einer großen Schüssel Butter und Zucker kräftig mit dem Schneebesen verrühren. Anschließend die Eier einzeln unterrühren, Mehl, Backpulver, Salz und die gemahlenen Mandeln oder Nüsse darüberstäuben und die Zutaten mit einer Gabel vermengen. Zum Schluss die Schokoladenmilch unterrühren.

Etwas Wasser im Dampfkochtopf zum Kochen bringen.

Den Teig in die Form füllen, mit Pergamentpapier abdecken und das Papier mit einem Gummiring fixieren. Die Form in den Dämpfkorb stellen, den Deckel schließen und den Kuchen 80 Minuten dämpfen. Dabei regelmäßig überprüfen, wie viel Wasser noch im Topf ist. Das Papier abnehmen, den Kuchen 10 Minuten in der Form abkühlen lassen und danach auf eine Platte stürzen. Mit einer Schokoladenglasur überziehen oder mit Puderzucker bestäuben.

Charlotten

Der große Vorzug von Charlotten ist, dass beim Anrichten und Servieren fast nichts schiefgehen kann. Aus der Form stürzen, überziehen ... da kann man nichts falsch machen. Ein perfektes äußeres Erscheinungsbild sagt jedoch noch nichts über die geschmackliche Qualität des Desserts aus. Womit ich allerdings keineswegs gesagt haben will, Sie wären nicht imstande, eine Charlotte »Herméenne« zuzubereiten, ein Meisterstück der Pâtisserie, mit dem Sie bei Ihren Gästen Stürme der Begeisterung auslösen können.

Die Charlotte »Lili« verdankt ihren Namen meiner Freundin Elizabeth, die mir versichert hat, ich beherrschte die Zubereitung beinahe so gut wie ihre Großmutter. Ein Riesenkompliment, das mich dazu ermutigt hat, sie regelmäßig zu servieren, was einer Köchin wie mir, die ständig auf der Suche nach neuen Herausforderungen ist, nicht ganz leicht fällt.

Sie ist besonders leicht und locker, weil sie ohne Eigelb zubereitet wird. Denn dieses würde die Mousse, die bereits sehr viel Butter enthält, unnötig schwerer machen.

So gelingt Ihre Charlotte garantiert:

1) Verwenden Sie gute Löffelbiskuits (aus dem Supermarkt oder aus der Konditorei) und achten Sie darauf, dass sie weder zu trocken noch zu süß sind.

2) Die Biskuitschicht sollte nicht zu dick sein. Dicke Biskuits deshalb waagrecht halbieren.

3) Die Biskuits an einem Ende spitz zuschneiden. So passen sie besser in die Form und bilden einen hübschen Stern. Die Abfälle einfach unter die Mousse mischen oder für ein Trifle aufheben.

4) Damit sie beim Tränken nicht aufweichen, die Biskuits nur kurz durch die Flüssigkeit ziehen. So bleiben sie innen trocken und knusprig, was einen angenehmen Kontrast zur weichen Mousse bildet.

5) Das Stürzen von Charlotten bereitet selten Probleme, denn die Biskuits bleiben nicht an den Wänden der Form haften. Sicherheitshalber kann die Form vorher aber noch mit Öl eingefettet und mit Frischhaltefolie ausgekleidet werden.

6) Die Charlotte vor dem Servieren mindestens eine Nacht im Kühlschrank ruhen lassen, damit sie sich »setzen« kann.

Schokoladen-Charlotte »Lili«

350 g Schokolade (55 % Kakaoanteil), 130 g Butter, in kleinen
Stücken + 40 g für die Ganache + 10 g für die Form
1 Tasse sehr starker Kaffee, 3 EL Rum, 6 Eiweiß, 80 g Zucker
2 Päckchen Vanillezucker, 50 g Schokolade (70 % Kakaoanteil)
300 g Löffelbiskuits

250 g Schokolade (55 % Kakaoanteil) in Stücke brechen und bei sehr geringer
Hitze oder im Wasserbad schmelzen. Sobald sie zu schmelzen beginnt, vorsichtig
mit einem Spatel umrühren. Die Butter unter die geschmolzene Schokolade rühren.
Den Topf vom Herd nehmen, wenn die Butter geschmolzen ist, und die Mischung
abkühlen lassen.

Den Kaffee kochen und den Rum unterrühren.

Die Eiweiße mit dem Handmixer steif schlagen. Wenn der Eischnee bereits relativ
fest ist, Zucker und Vanillezucker unterrühren. Den Eischnee mit einem biegsamen
Plastikteigschaber vorsichtig unter die Schokoladen-Butter-Mischung heben.

Die Schokolade mit 70 % Kakaoanteil hacken und unter die Mousse mischen.

Eine Charlottenform mit Butter einfetten. Die Biskuits bis auf einen kleinen Rest im
Kaffee tränken und die Form vollständig damit auskleiden.

Die Mousse in die Mitte füllen, die restlichen Biskuits im Kaffee tränken und auf
der Mousse verteilen. Mit Frischhaltefolie abdecken und 12 Stunden in den Kühlschrank stellen.

Vor dem Servieren die restliche Schokolade mit 55 % Kakaoanteil mit 40 g Butter
bei sehr geringer Hitze schmelzen, mit einem Spatel glatt rühren und vom Herd
nehmen.

Die Charlotte auf eine Servierplatte stürzen, mit der Ganache überziehen und
sofort servieren.

Tipp: Die Mousse für die klassische Charlotte wird mit Eiern zubereitet. Ich habe
allerdings festgestellt, dass sie genauso sahnig, aber sehr viel leichter wird, wenn
man lediglich die Eiweiße verwendet. Deshalb habe ich dieses Rezept kreiert, das
auch Menschen mit zu hohem Cholesterinspiegel bedenkenlos genießen können.

Charlotte »Vermicelli«

700 ml Milch, 80 g Vermicelli (italienische Fadennudeln)
80 g Zucker, 400 g Ricotta, 100 g Orangenzesten, 1 EL Kakaopulver
½ TL gemahlener Zimt, 3 EL Orangenblütenwasser, 6 Eier
150 g Zartbitterschokolade, 1 Prise Salz, 10 g Butter für die Form
3 EL Orangenlikör, 150 g Löffelbiskuits, 100 g Sahne

Den Backofen auf 160 °C vorheizen.

In einem großen Topf 600 ml Milch aufkochen, die Nudeln und 50 g Zucker hinzufügen, mit dem Schneebesen umrühren und das Ganze 20 Minuten bei geringer Hitze köcheln lassen. Dabei gelegentlich umrühren. Die Herdplatte ausschalten, nochmals umrühren und die Mischung etwas abkühlen lassen.

Den Ricotta mit dem restlichen Zucker leicht aufschlagen und unter die lauwarme Milchmischung rühren. Die grob gehackten Orangenzesten, Kakao, Zimt und Orangenblütenwasser hinzufügen und umrühren.

Die Eier trennen. Die Eigelbe einzeln unter die Ricottamischung rühren. 50 g Schokolade hacken, dazugeben und umrühren.

Die Eiweiße mit dem Salz steif schlagen und mit einem biegsamen Plastikteigschaber vorsichtig unter die Ricottamischung heben.

Eine Charlottenform mit Butter einfetten.

Den Orangenlikör mit 100 ml Wasser verrühren, die Biskuits kurz darin tränken und die Form vollständig damit auskleiden.

Die Ricottamischung in die Mitte füllen, die Charlotte 1 Stunde backen und anschließend auf einem Kuchengitter etwas abkühlen lassen.

Kurz vor dem Servieren die Sahne mit der restlichen Milch aufkochen. Den Topf vom Herd nehmen und die restliche zerkleinerte Schokolade unter Rühren darin schmelzen.

Die Charlotte auf ein Kuchengitter stürzen, mit der Ganache überziehen und sofort servieren.

Cookies

Wie die Brownies stammen auch die Cookies aus Amerika, und die Zahl der Rezepte ist nahezu unerschöpflich.

Der bloße Gedanke an diese knusprigen Plätzchen mit dem weichen Kern zaubert jedem Kind ein Strahlen aufs Gesicht. Man kann Kinder ganze Nachmittage lang beschäftigen, wenn man sie Cookies backen lässt, die überdies kleine Ungenauigkeiten bei der Zutatenmenge sehr viel besser vertragen als ein Kuchen. Ob es nun ein bisschen mehr oder ein bisschen weniger Butter, Schokolade oder Zucker ist, macht keinen großen Unterschied. Im Gegenteil: Vielleicht kommt dabei sogar die ein oder andere neue Kreation heraus.

Tipps:

1) Sollen die Cookies besonders knusprig werden, den Teig mit Butter zubereiten und die Backzeit um 1 oder 2 Minuten verlängern.

2) Sollen sie saftig und weich werden, ein Ei mehr nehmen.

3) Sollen sie ein bisschen zäh und klebrig – »chewy« werden, die Schokolade in relativ große Würfel schneiden und etwas mehr Schokolade nehmen.

4) Den Teig vor dem Backen zu einer Rolle formen und in Frischhaltefolie verpackt über Nacht im Kühlschrank ruhen lassen. Sie müssen ihn dann nur noch in Scheiben schneiden und die Scheiben auf dem Backblech verteilen.

5) Wollen Sie den Teig längere Zeit aufbewahren, die Rolle einfrieren.

6) Die Cookies auf einem Backblech (das Blech vorher am besten mit Backpapier auslegen) oder einer Silikonbackmatte backen.

7) Das Gebäck nach dem Backen aus dem Ofen nehmen, 2–3 Minuten ruhen lassen, danach mit einem Spatel vom Blech lösen und auf einem Kuchengitter auskühlen lassen.

8) Cookies in einer Blechdose oder luftdicht verschlossen in einem Plastikbeutel (wenn Sie sie länger aufbewahren wollen) lagern.

Cookies mit weißer Schokolade und Pinienkernen

200 g weiße Schokolade

4 EL Pinienkerne

140 g weiche Butter

140 g Demerarazucker

2 mittelgroße Eier

abgeriebene Schale von 1 unbehandelten Zitrone

180 g Mehl, gesiebt

1 Prise Salz

Die Schokolade grob hacken.

Die Pinienkerne ohne Fettzugabe in einer beschichteten Pfanne rösten.

In einer mittelgroßen Schüssel Butter und Zucker mit dem Handmixer schaumig schlagen.

Eier verquirlen. Zitronenschale, Mehl, Salz, die gehackte Schokolade und die Pinienkerne hinzufügen. Die Zutaten vermengen, den Teig mit Frischhaltefolie abdecken und 1 Stunde im Kühlschrank ruhen lassen.

Den Backofen auf 180 °C vorheizen.

Ein Backblech mit Backpapier auslegen.

Mit den Händen aus dem Teig kleine Kugeln formen, in größeren Abständen auf das Backblech setzen und mit der Handfläche flach drücken.

Die Cookies 10 Minuten backen und danach auf einem Kuchengitter auskühlen lassen.

Wenn Sie den Teig, nachdem er im Kühlschrank geruht hat, zu einer Rolle formen, müssen Sie ihn nur noch in Scheiben schneiden.

Knusprige Cookies mit Schokolade und Walnüssen

75 g Walnusskerne

100 g Schokolade mit 60 % Kakaoanteil oder eine Mischung aus
Zartbitterschokolade und weißer Schokolade

125 g weiche Butter

150 g Farinzucker

1 TL Vanilleextrakt

1 großes Ei

125 g Mehl

½ TL Salz

½ TL Backpulver

Den Backofen auf 180 °C vorheizen.

Nüsse und Schokolade grob hacken.

In einer großen Schüssel Butter und Zucker mit dem Handmixer schaumig schlagen. Die Vanille und das Ei hinzufügen und unterrühren.

Mehl, Salz und Backpulver hinzufügen, die Zutaten mit einem biegsamen Plastikteigschaber vermengen und anschließend Nüsse und Schokolade untermischen.

Ein Backblech mit Backpapier auslegen. Mit einem Teelöffel Häufchen vom Teig abstechen, in ausreichendem Abstand auf das Blech setzen und mit einer Gabel (vorher in Mehl tauchen) flach drücken.

Die Cookies 12 Minuten backen und danach auf einem Kuchengitter auskühlen lassen.

Man legt Gebäck zum Abkühlen auf ein Kuchengitter, damit die Luft um das Gebäck zirkulieren kann, und es gleichmäßig abkühlt. Außerdem wird so verhindert, dass es durch das sich bildende Kondenswasser unten aufweicht.

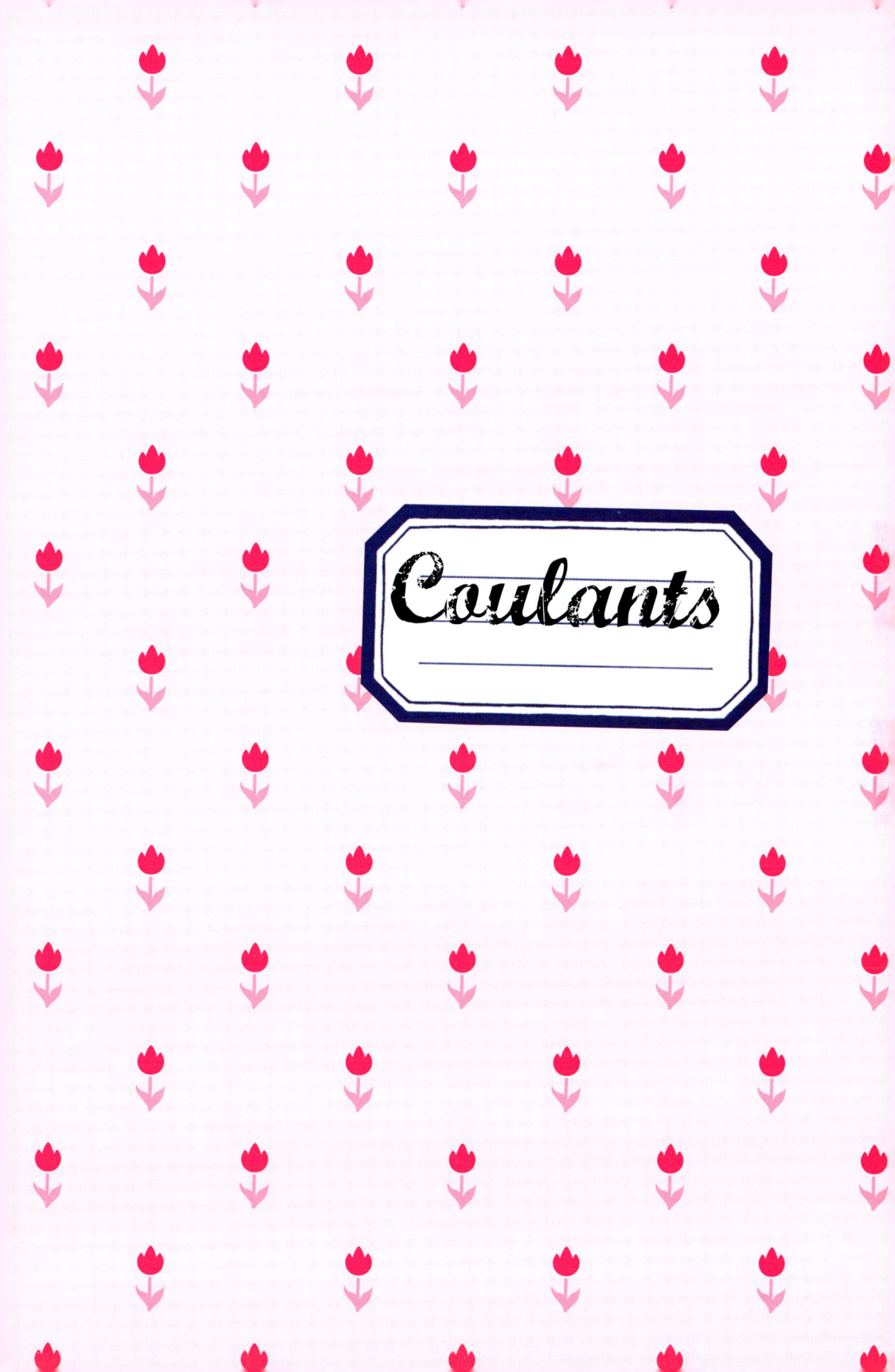

Coulants

Der Coulant, genauer gesagt der »biscuit au chocolat coulant« (Biskuit mit flüssiger Schokolade), und seine Spielarten dürfen in keinem meiner Bücher fehlen. Wir verdanken diese kleinen Köstlichkeiten, die sich inzwischen überall auf der Welt größter Beliebtheit erfreuen, dem französischen 3-Sterne-Koch Michel Bras, der mehr als zehn Jahre in der Küche seines Restaurants in dem kleinen französischen Ort Laguiole an diesem Dessert feilte, bis er es für gut genug befand, um es auf die Speisekarte zu setzen.

Nur wenigen Desserts, die im 20. Jahrhundert kreiert wurden, war ein ähnlich überwältigender Erfolg beschieden. Doch wer außer ein paar Insidern weiß schon, wem wir es verdanken? Was spielt das für eine Rolle, werden die Intellektuellen unter den Gastronomen sagen, die wirkliche Haute Cuisine zeichnet sich dadurch aus, dass sie nicht nach spektakulären Erfolgen schielt, sondern sich ständig neu erfindet und dabei aus den kulinarischen Traditionen schöpft, die Allgemeingut sind. Wie auch immer- meine Bewunderung für diesen genialen Koch wird das nicht schmälern.

Das Originalrezept erfordert natürlich enormes Können und Geschick. Deshalb sind die Versionen, die ich Ihnen hier vorstelle, stark vereinfacht. Dabei habe ich das Prinzip des »biscuit au chocolat coulant« auf die französischen Madeleines und die marokkanische Pastilla übertragen. Denn es ist ein wahres Vergnügen, dabei zuzusehen, wie sich die flüssige Schokolade aus der knusprigen Hülle ergießt.

Tipps:

1) Den Backofen rechtzeitig vorheizen, damit das Gebäck schön aufgeht.

2) Die Form auf ein Backblech und nicht auf den Rost stellen, damit auch der Boden durchgebacken ist und der Coulant sich problemlos aus der Form lösen lässt.

3) Zunächst einen kleinen Probe-Coulant backen, denn zwischen den verschiedenen Backofenmodellen gibt es erhebliche Temperaturschwankungen. Generell rechnet man eine Backzeit von 6–10 Minuten bei einer Temperatur von 210–240°C.

4) Sollte Ihnen Teig übrig bleiben, haben Sie kleinere Formen verwendet als ich. In diesem Fall die Backzeit verkürzen und die Temperatur etwas erhöhen. Reicht der Teig hingegen für die Formen nicht aus, bereiten Sie noch etwas Teig zusätzlich zu und verlängern Sie die Backzeit um 1–2 Minuten.

5) Die fertigen Coulants 5 Minuten abkühlen lassen, bevor Sie sie vorsichtig aus den Formen lösen. Die Förmchen dazu – am besten mit einem Geschirrtuch – in eine Hand nehmen und den Coulant mit den Fingern der anderen Hand vorsichtig hin- und herbewegen, bis er sich herausnehmen lässt. Den Coulant zunächst auf einen Teller und von dort vorsichtig auf den Servierteller stürzen.

6) Da die Masse weder Eischnee noch geschlagene Sahne enthält, können Coulants mehrere Stunden im Kühlschrank aufbewahrt werden. Um Zeit zu sparen, die Masse auf die Förmchen verteilen, mit Frischhaltefolie abdecken und kalt stellen, sodass Sie die Coulants vor dem Servieren nur noch backen müssen. Noch schneller geht es, wenn Sie die Coulants backen, abkühlen lassen, kalt stellen und vor dem Servieren 30 Sekunden in der Mikrowelle erhitzen, damit sie innen wieder flüssig werden.

Coulants à la Max

120 g Butter + 10 g für die Förmchen

100 g Zucker + 20 g für die Förmchen

160 g Schokolade (70 % Kakaoanteil)

4 Eier

40 g Mehl

Den Backofen auf 220 °C vorheizen.

4 kleine runde Souffléförmchen (8–10 cm Ø) mit Butter einfetten und mit Zucker ausstreuen.

Die Schokolade in Stücke brechen und mit der Butter in einem Topf bei sehr geringer Hitze oder im Wasserbad schmelzen. Sobald die Butter zu schmelzen beginnt, vorsichtig mit einem Spatel umrühren, bis sich die Schokolade mit der Butter vermischt hat und eine glatte Masse entstanden ist.

Eier und Zucker kräftig mit dem Schneebesen verrühren und unter die Schokoladen-Butter-Mischung rühren.

Das Mehl darübersieben und vorsichtig unterheben.

Die Masse in die Förmchen füllen und 6 Minuten backen.

Die Coulants etwas abkühlen lassen, aus den Förmchen lösen und heiß mit je einer Kugel Eiscreme servieren.

Dieses Rezept stammt vom Koch der Eheleute Christine und Michel Guérard, die in ihrem Haus am Meer in den Landes gelegentlich auch ausgewählte Gäste beherbergen.

Mokka-Coulants

200 g Schokolade (70 % Kakaoanteil)

100 ml starker Kaffee

150 g Butter, in kleinen Stücken

60 g Zucker

40 g Mehl

4 Eier

1 Prise Salz

Speiseöl zum Fetten der Form

Den Backofen auf 220 °C vorheizen.

Die Schokolade in Stücke brechen, in einer mittelgroßen Schüssel mit dem kochend heißen Kaffee übergießen und schmelzen lassen. Butter und Zucker hinzufügen und die Zutaten mit dem Schneebesen verrühren.

Das Mehl darübersieben, die Eier einzeln unterrühren, 1 Prise Salz hinzufügen und nochmals umrühren.

4 Souffléförmchen mit dem Öl einfetten, die Schokoladenmasse hineingießen und 8 Minuten backen.

Die Coulants auf einem Kuchengitter leicht abkühlen lassen und danach aus den Förmchen lösen.

Schokoladen-Madeleines mit flüssigen Herzen

2 Eier

40 g Zucker

1 Päckchen Vanillezucker

30 g Mehl

1 gestrichener TL Backpulver

20 g gemahlene Mandeln

50 g Butter, zerlassen

2 gehäufte EL Kakaopulver

9 Stückchen Nugat (à 5 g)

Den Backofen auf 180 °C vorheizen.

Eier, Zucker und Vanillezucker in einer mittelgroßen Schüssel kräftig mit einer Gabel verrühren.

Das Mehl mit dem Backpulver mischen und unter die Eier-Zucker-Mischung rühren.

Mandeln, Butter und Kakao hinzufügen und so lange rühren, bis ein glatter Teig entstanden ist.

Den Teig bis auf einen kleinen Rest auf die Mulden einer Madeleineform verteilen, jeweils 1 Stückchen Nugat in die Mitte stecken und mit dem restlichen Teig bedecken.

Die Madeleines 8 Minuten backen. Anschließend aus dem Ofen nehmen, 3 Minuten in der Form abkühlen lassen und danach aus der Form lösen.

Die Madeleines lauwarm genießen, damit sie innen schön flüssig sind. Sie schmecken aber auch kalt ganz köstlich.

Die Madeleines lassen sich luftdicht verschlossen in einem Plastikbeutel aufbewahren.

Pastilla mit Schokoladentrüffeln und Safran

4 Brickblätter
(ersatzweise Filo- oder Yufkateigblätter)

30 g Butter, zerlassen

150 g Schokoladentrüffel

1 Kapsel gemahlener Safran

Öl für die Form

etwas Puderzucker

etwas gemahlener Zimt

Damit die geschmolzenen Trüffel nicht ölig werden, darauf achten, dass sie mit Sahne und nicht mit Margarine hergestellt werden.

Den Backofen auf 180 °C vorheizen.

Die Brickblätter einzeln – mit den Fingern oder einem Backpinsel – mit der Butter einfetten.

Ein Teigblatt in die Mitte eines Tellers legen. Die übrigen Blätter rosettenförmig rundherum verteilen (die Blätter sollten sich dabei etwas überlappen). Die Trüffel nebeneinander in der Mitte verteilen und mit Safran bestäuben. Die Brickblätter darüberschlagen und die Ränder gut andrücken.

Eine Auflaufform mit Öl einfetten, die Pastilla hineinlegen, 10 Minuten backen, umdrehen und weitere 10 Minuten backen.

Die Pastilla mit der glatten Seite nach oben auf einer Servierplatte anrichten und heiß mit Puderzucker und Zimt bestäubt servieren.

Puddings
und Sahnedesserts

Schokoladencremes und -puddings begleiten uns von Kindesbeinen an. Ich kenne Menschen – zu denen übrigens auch mein Cousin Marc zählt –, die jedes neue Rezept ausprobieren und unermüdlich auf der Suche nach DER Creme sind, die es mit der ihrer Großmutter aufnehmen kann. Andere ergehen sich regelmäßig in nostalgischen Schwärmereien und weigern sich standhaft, von einer neuen Kreation auch nur zu kosten.

Eine dritte Kategorie schließlich, zu der auch ich gehöre, probiert ganz nach Lust und Laune immer mal ein anderes Rezept aus. Sollten auch Sie zu dieser Kategorie gehören, dürften die folgenden Rezepte genau das Richtige für Sie sein.

Ein paar kleine Tipps:

1) Halten Sie im Kühlschrank immer zwei, drei Becher Sahne bereit.

2) Falls Ihnen die Milch ausgegangen ist, einfach Sahne mit der gleichen Menge Wasser verdünnen.

3) Cremes (mit Ausnahme der Crème brûlée) nach dem Kochen regelmäßig umrühren, bis sie abgekühlt sind, damit sich auf der Oberfläche keine Haut bildet.

4) Auch wenn Sie in Eile sind: Sahnedesserts niemals in den Kühlschrank stellen, solange sie noch heiß sind. Denn durch den Kälteschock können sich Bakterien rasch vermehren, und die Creme kann ihre Konsistenz verlieren. Darüber hinaus kann durch die Wärme die Temperatur in Ihrem Kühlschrank ansteigen, sodass die übrigen Lebensmittel nicht mehr ausreichend gekühlt werden.

Schokoladenpudding-Tarte

250 g Schokolade (70 % Kakaoanteil)

500 ml Milch

170 g Zucker

5 Eier

60 g Puddingpulver

10 g Butter für die Form

1 Portion Mürbeteig (Fertigprodukt)

Die Schokolade hacken.

Die Milch mit 500 ml Wasser und 70 g Zucker aufkochen.

In einer Schüssel die Eier mit dem restlichen Zucker und dem Puddingpulver verrühren. 1 Schöpflöffel heiße Milch hinzufügen und mit dem Schneebesen kräftig mit der Eiermischung verrühren. Die Schokolade unterrühren und die Mischung zur Milch in den Topf gießen. Nochmals aufkochen und 5 Minuten kochen lassen. Dabei laufend kräftig mit dem Schneebesen rühren.

Den Pudding anschließend wieder in eine Schüssel füllen und so lange rühren, bis er vollständig abgekühlt ist. Mit Frischhaltefolie abdecken und über Nacht in den Kühlschrank stellen.

Am folgenden Tag den Backofen auf 180 °C vorheizen.

Eine Springform (24 cm Durchmesser) mit Butter einfetten oder mit Backpapier auslegen.

Den Teig ausrollen und den Boden der Form damit auslegen.

Den Schokoladenpudding darauf verteilen und die Tarte 1 Stunde backen.

Auf einem Kuchengitter auskühlen lassen und bis zum Servieren in den Kühlschrank stellen.

Karamellcreme mit Vollmilchschokolade

90 g Zucker

einige Tropfen Zitronensaft

1 l Milch

1 Tonkabohne, 1 Zimtstange oder 1 Vanilleschote

6 Eier

170 g Vollmilchschokolade

Den Backofen auf 160 °C vorheizen.

Für den Karamell 60 g Zucker bei geringer Hitze mit 1 Esslöffel Wasser und einigen Tropfen Zitronensaft schmelzen. Dabei nicht umrühren. Sobald ein goldgelber Karamell entstanden ist, die Wände einer Charlottenform oder runden Auflaufform (etwa 17 cm Ø) damit ausgießen. Das muss sehr schnell gehen, denn wenn der Karamell abkühlt, dickt er ein und haftet nicht mehr so gut an der Form.

Die Milch mit einem Gewürz Ihrer Wahl (die Vanilleschote vorher der Länge nach aufschlitzen) aufkochen.

In einer großen Schüssel die Eier und den restlichen Zucker mit dem Schneebesen schaumig schlagen.

Die Schokolade in Stücke brechen, die Milch vom Herd nehmen, die Schokolade hineingeben und umrühren. Den Topf wieder auf den Herd stellen und die Mischung 3 Minuten unter Rühren köcheln lassen.

Nach und nach die Eier-Zucker-Mischung unterrühren und das Ganze anschließend in die karamellisierte Form gießen.

Die Form in eine größere, mit heißem Wasser gefüllte Form stellen (das Wasser sollte bis zum Rand der Charlottenform reichen) und die Creme 1 Stunde im Backofen garen.

Die Creme auf einem Kuchengitter abkühlen lassen, mit Frischhaltefolie abdecken und bis zum Servieren (am besten über Nacht) in den Kühlschrank stellen.

Eine besonders erfrischende Note bekommt der Karamell, wenn man das Wasser und den Zitronensaft durch 3 Esslöffel Maracujasaft ersetzt.

Schokoladencreme

500 ml Milch

100 g Schokolade

1 Ei + 5 Eigelb

100 g Zucker

Den Backofen auf 100 °C vorheizen.

Die Milch in einem Topf aufkochen.

Inzwischen die Schokolade in kleine Stücke brechen.

Die Milch vom Herd nehmen, die Schokolade hinzufügen und etwa 1 Minute unter Rühren schmelzen lassen.

Das Ei und die Eigelbe in einer großen Schüssel kräftig mit dem Schneebesen verschlagen. Den Zucker unterrühren. Die Schokoladenmilch in einem feinen Strahl zugießen und dabei laufend umrühren.

Die Creme auf 6 kleine Formen verteilen, in ein Wasserbad stellen und 1 Stunde im Backofen garen.

Die Cremes können aus dem Ofen genommen werden, wenn sie »zittern«, sobald man am Topf rüttelt. Auf einem Kuchengitter abkühlen lassen, mit Frischhaltefolie abdecken und mindestens 3 Stunden in den Kühlschrank stellen.

Die Cremes einige Zeit vor dem Servieren aus dem Kühlschrank nehmen.

Panna cotta Schoko-Vanille

2 Blatt Gelatine

100 g Schokolade (70 % Kakaoanteil)

600 g Sahne

1 Prise Fleur de Sel

1 großer EL Zucker

Mark von 1 Vanilleschote oder 1 Spritzer Vanilleextrakt

abgeriebene Schale von 1 unbehandelten Zitrone

1 EL Amaretto

1 Blatt Gelatine in kaltem Wasser einweichen.

Die Schokolade in kleine Stücke brechen.

Die Hälfte der Sahne in einem kleinen Topf aufkochen, vom Herd nehmen und die gut ausgedrückte Gelatine unter Rühren darin auflösen. Schokolade und Fleur de Sel hinzufügen, die Schokolade unter Rühren in der heißen Sahne schmelzen und die Creme durch ein Sieb in 6 kleine Formen (kleine Gläser oder Tassen) passieren.

Etwas abkühlen lassen, die lauwarme Creme mit Frischhaltefolie abdecken und in den Kühlschrank stellen.

1 Stunde später das zweite Gelatineblatt in kaltem Wasser einweichen.

Die restliche Sahne in einem kleinen Topf mit Zucker, Vanille und Zitronenschale aufkochen und vom Herd nehmen, sobald sie kocht. Die gut ausgedrückte Gelatine und den Amaretto dazugeben und die Gelatine unter Rühren auflösen. Die Creme anschließend abkühlen lassen.

Die Förmchen oder Gläser mit der Schokoladencreme aus dem Kühlschrank nehmen, die Folie entfernen und die Vanillecreme durch ein Sieb auf die Schokoladencreme passieren. Erneut mit Frischhaltefolie abdecken und vor dem Servieren mindestens 1 ½ Stunden kalt stellen.

Die Creme vor dem Passieren am besten in ein Gefäß füllen, das über einen Ausgießer verfügt. Sie lässt sich so leichter und ohne Geklecker auf die Förmchen verteilen.

Schokoladenwirbel mit Mascarpone

1 Tasse Espresso

200 g Schokolade (70 % Kakaoanteil)

90 g Puderzucker

1 gestrichener TL Zimt

3 EL Amaretto

70 g Mascarpone

300 g Sahne

4 Schokoladen- oder Krokantplätzchen

Den Espresso kochen und in eine mittelgroße Schüssel gießen. Die Schokolade in Stücke brechen und im kochend heißen Espresso schmelzen lassen. Mit einem Spatel glatt rühren und Zucker, Zimt und Amaretto unterrühren.

Die Mischung auf 6 Gläser verteilen.

In einer kleinen Schüssel Mascarpone und Sahne kräftig mit dem Schneebesen verrühren.

Einen Löffel der Mascarponecreme in die Mitte jedes Glases geben und leicht mit der Spitze eines Messers verrühren, sodass ein Wirbel entsteht.

Die Creme mindestens 2 Stunden kalt stellen und vor dem Servieren mit den zerkrümelten Plätzchen bestreuen.

Schokoladen-Crème-brûlée

500 ml Milch

500 g Sahne

8 Eigelb

180 g Zucker

200 g Schokolade (70 % Kakaoanteil)

8 gestrichene EL Farinzucker

Den Backofen auf 100 °C vorheizen.

Milch und Sahne in einem mittelgroßen Topf aufkochen.

Inzwischen in einer großen Schüssel Eigelbe und Zucker kräftig mit dem Schneebesen verrühren.

Die Schokolade in Stücke brechen. Die Sahnemilch vom Herd nehmen und die Schokolade darin schmelzen lassen. Umrühren und auf die Eigelb-Zucker-Mischung gießen. Dabei laufend mit dem Schneebesen rühren.

Die Creme auf 8 Crème-brûlée-Formen oder andere flache, hitzebeständige Förmchen (etwa 10–12 cm Ø) verteilen, 45 Minuten im Backofen garen und anschließend auf einem Kuchengitter abkühlen lassen.

Mit Frischhaltefolie abdecken und mindestens 12 Stunden in den Kühlschrank stellen.

Die Förmchen 15 Minuten vor dem Servieren aus dem Kühlschrank nehmen.

Den Backofengrill vorheizen.

Die Cremes mit Farinzucker bestreuen, 2 Minuten unter den heißen Grill stellen und sofort servieren.

Eischneebälle auf Schokoladensauce mit Earl Grey

500 ml Milch

100 g Sahne

2 Teebeutel Earl-Grey

100 g Schokolade (70 % Kakaoanteil)

4 Eier + 2 Eigelb

200 g Zucker

Milch und Sahne mit den Teebeuteln in einem Topf aufkochen, vom Herd nehmen, zudecken und den Tee 3–4 Minuten ziehen lassen. Die Beutel danach herausnehmen.

In der Zwischenzeit die Schokolade fein hacken und die Eier trennen.

In einer großen Schüssel die Eigelbe und 120 g Zucker kräftig mit dem Schneebesen verrühren. Etwas heiße Sahnemilch hinzufügen und dabei laufend weiterrühren. Die restliche Milch unterrühren und die Mischung durch ein Sieb zurück in den Topf gießen. Auf mittlerer Stufe unter Rühren erhitzen (aber keinesfalls zum Kochen kommen lassen!), bis die Sauce eindickt. Die Schokolade hinzufügen und unter Rühren schmelzen lassen. Die Sauce anschließend auf 4 tiefe Teller oder Salatschälchen verteilen.

In einem großen Topf reichlich Wasser zum Kochen bringen.

Inzwischen die Eiweiße sehr steif schlagen. Sobald der Eischnee relativ fest ist, nach und nach den restlichen Zucker unterrühren.

Mit zwei Esslöffeln 4 Klößchen vom Eischnee abstechen, in das siedende Wasser gleiten lassen, 30 Sekunden ziehen lassen und dabei einmal mit einem Schaumlöffel wenden. Auf diese Weise insgesamt 12 Eischneebälle herstellen und anschließend auf Küchenpapier abtropfen lassen.

Je 3 Schneebälle auf jeden Teller verteilen und sofort servieren.

Kuchen

Da haben wir ihn, den Verführer, der mich schon magisch anzog, als ich gerade eben an die Arbeitsfläche heranreichte. Mein erster Schokoladenkuchen war zugleich mein allererster kulinarischer Glücksmoment. Die Schokoladentafel, die ich auspackte und in Stücke brach (wobei immer auch ein paar Stückchen in meine Taschen wanderten), die Eier, von deren Dotter beim Trennen immer ein kleiner Tropfen herunterlief, der Teig, bei dem ich nie ganz verstand, weshalb er noch gebacken werden musste, wo er doch so gut schmeckte, wenn man ihn aus der Schüssel naschte. Und dann der Kuchen, mein ganzer Stolz, den ich meiner Mutter mit andächtiger Miene überreichte und den sie in Empfang nahm, als sei es Weihwasser (da hatte sie allerdings die Küche noch nicht gesehen ...).

Dieser Schokoladenkuchen, der gewissermaßen mein erstes und damals noch einziges Kind war, das ich hätschelte, bis ihm seine kleinen Brüder – die Coulants, Brownies und wie sie alle heißen – den Rang streitig machten: Dieser Schokoladenkuchen soll hier noch einmal zu besonderen Ehren kommen.

Nichts macht mir mehr Freude als die Zubereitung eines einfachen Schokoladenkuchens. Zu sehen, wie er aufgeht, zu hören, wie er leise knistert, sein Duft, der das ganze Haus durchzieht ... Wenn man mich fragte, was das Besondere an ihm ist, würde ich sagen, er ist einfach perfekt: gerade lange genug gebacken, nicht zu dunkel und nicht zu süß – und er schmeckt immer und überall.

Ein paar Tipps, mit denen Ihr Kuchen garantiert gelingt:

1) Die Backform sollte unbedingt die gleiche Größe haben wie im Rezept angegeben, sonst stimmen die Backzeiten nicht mehr.

2) Achten Sie bei der Schokolade auf Qualität und vertrauen Sie nicht blind dem angegebenen Kakaogehalt. Zwar glaubt man gemeinhin, es sei ausschließlich vom Kakaoanteil abhängig, wie bitter eine Schokolade ist. Das trifft jedoch nicht zu. Eine Schokolade mit 50% Kakaoanteil kann sehr viel bitterer schmecken als eine Schokolade mit 70% Kakaoanteil, wenn sie aus minderwertigen Bohnen hergestellt wurde. Qualitativ nicht so hochwertige Kakaobohnen werden häufig zu stark geröstet, was den bitteren Geschmack noch verstärkt. Am besten mischt man verschiedene Schokoladen, um ein nuancenreiches und ausgewogenes Aroma zu erzielen.

3) Beim Schlagen von Eischnee auf der niedrigsten Stufe beginnen und die Geschwindigkeit allmählich erhöhen. Besonders glatt und weich wird der Eischnee, wenn Sie, wie in den Rezepten angegeben, 1 Esslöffel Zitronensaft und etwas Zucker hinzufügen. Und niemals die Prise Salz vergessen. Denn sie sorgt nicht nur dafür, dass der Eischnee besser gelingt, sondern unterstreicht auch den Geschmack Ihres Kuchens.

4) Alle Backbleche, die nicht benötigt werden, aus dem Ofen nehmen, damit sich die Hitze gleichmäßig verteilen kann.

Mohn-Schokoladen-Kuchen

130 g Butter + 10 g für die Form

150 g Mohn + 1 EL zum Ausstreuen der Form

200 g Farinzucker (oder 100 g brauner + 100 g heller Vergeoise- oder Muscovadozucker)

2 Eier

2 TL Vanilleextrakt

100 ml fettarme Milch

125 g Mehl

1 TL Backpulver

2 gehäufte EL Kakaopulver

Puderzucker zum Bestäuben

Den Backofen auf 170 °C vorheizen.

Die Butter zerlassen und etwas abkühlen lassen.

Eine Rundform (etwa 22 cm Ø) mit Butter einfetten und mit Mohn ausstreuen.

Zucker, Eier und Vanille mit dem Handmixer schaumig schlagen. Anschließend die Milch und die lauwarme Butter unterrühren.

In einer zweiten Schüssel das Mehl mit Backpulver, Kakaopulver und Mohn mischen und mit der Eier-Zucker-Mischung vermengen.

Den Teig in die Form füllen und 40 Minuten backen.

Den Kuchen in der Form auf einem Kuchengitter etwas auskühlen lassen, vorsichtig aus der Form stürzen, mit Puderzucker bestäuben und lauwarm oder kalt servieren.

Wenn Ihnen die Mohnsamen im Kuchen zu körnig sind, können Sie sie kurz im Mixer zerkleinern, bevor Sie sie mit dem Mehl mischen.

Sie können den Teig noch mit der abgeriebenen Schale einer halben Orange aromatisieren.

Weißer Schokoladenkuchen

250 G BUTTER + 10 G FÜR DIE FORM
180 G WEISSE SCHOKOLADE
330 G ZUCKER
180 ML MILCH
300 G MEHL
1 TL BACKPULVER
½ TL VANILLEEXTRAKT
2 EIER, VERQUIRLT

FÜR DIE GLASUR
300 G WEISSE SCHOKOLADE, IN STÜCKCHEN ZERKLEINERT
150 G SAHNE

FÜR DIE SCHOKOLADENRASPEL
100 G ZARTBITTERSCHOKOLADE, GERASPELT
100 G WEISSE SCHOKOLADE, GERASPELT
100 G VOLLMILCHSCHOKOLADE (JEWEILS AM STÜCK)

Den Backofen auf 180 °C vorheizen und eine Rundform mit Butter einfetten.

Die weiße Schokolade in Stücke brechen. Mit Butter, Zucker und Milch in einen großen Topf geben und bei geringer Hitze unter Rühren schmelzen. 15 Minuten ruhen lassen und danach Mehl, Backpulver, Vanille und die verquirlten Eier unterrühren. Den Teig in die Form füllen, 75 Minuten backen und den Kuchen anschließend in der Form auf einem Kuchengitter auskühlen lassen.

In der Zwischenzeit die Glasur und die Schokoladenraspel herstellen. Die zerkleinerte weiße Schokolade in eine Schüssel füllen. Die Sahne in einem Topf bis zum Kochpunkt erhitzen, in die Schüssel gießen und die Schokolade unter Rühren schmelzen lassen.

Den Kuchen auf eine Platte stürzen und mit der Glasur überziehen. Die Schokolade für die Raspel aus dem Kühlschrank nehmen, über einem Küchenbrett mit einem Messer Späne abhobeln, vorsichtig mit einem Pfannenwender aufnehmen und den Kuchen damit verzieren.

Exotischer Pudding

60 G WEICHE BUTTER + 10 G FÜR DIE FORM
150 G SCHOKOLADE (MINDESTENS 55 % KAKAOANTEIL)
250 ML KOKOSMILCH
100 G ZUCKER
2 EIER
220 G MEHL
1 PÄCKCHEN BACKPULVER
1 PRISE SALZ
3 EL BALSAMICO-ESSIG
100 G KANDIERTER INGWER

Eine Soufflé- oder kleine Auflaufform (15 cm Ø) mit Butter einfetten.

Die Schokolade in Stücke brechen. Die Kokosmilch in einem Topf aufkochen lassen, vom Herd nehmen, die Schokolade hinzufügen und unter Rühren schmelzen.

Butter und Zucker mit einer Gabel zerdrücken. Die Eier mit dem Handmixer einzeln unterrühren. Mehl, Backpulver, Salz, Essig und zum Schluss die Schokoladenmilch hinzufügen und die Zutaten zu einem glatten Teig verrühren.

Den Ingwer in kleine Würfel schneiden und unter den Teig mischen. Den Teig in die Form füllen, mit Pergamentpapier abdecken und das Papier mit einem Gummiring fixieren.

Den Boden eines Dampfkochtopfs mit Wasser bedecken und das Wasser aufkochen lassen. Die Form in den Dämpfeinsatz stellen, den Deckel auflegen und den Pudding 90 Minuten dämpfen.

10 Minuten abkühlen lassen, das Papier entfernen und den Pudding lauwarm mit Vanillesauce servieren.

Einfacher Schokoladenbiskuit

100 g weiche Butter + 10 g für die Form

100 g Zucker

100 g Mehl

1 TL Backpulver

2 große Eier

2 EL Kakaopulver

1 Prise Salz

1 Spritzer Alkohol (z. B. Cointreau, Cognac, Rum, Portwein …)

Den Backofen auf 160 °C vorheizen.

Eine beschichtete runde Form mit Butter einfetten.

In einer mittelgroßen Schüssel Butter und Zucker mit dem Handmixer schaumig schlagen.

Anschließend nacheinander Mehl und Backpulver, Eier, Kakao, Salz und Alkohol unterrühren.

Den Teig in die Form füllen, mit einer Palette glatt streichen und 20 Minuten auf dem Backofenrost backen.

Den Biskuit so, wie er ist, servieren oder waagrecht halbieren und füllen.

Wenn Sie den Biskuit für eine Eisbombe verwenden wollen, den Kuchen auf der Arbeitsfläche in 8 Dreiecke schneiden. Die Wände einer halbkugelförmigen Schüssel mit Pergamentpapier auskleiden und die Dreiecke (die sich auch etwas überlappen dürfen) mit der Spitze nach unten hineinschichten. Gut andrücken, mit Alkohol tränken und eine Mousse Ihrer Wahl einfüllen.

Schokoladen-Dacquoise

50 g gemahlene Mandeln

1 gestrichener EL Mehl

250 g Zucker

50 g Kakaopulver

6 Eiweiß

1 Prise Salz

Den Backofen auf 180 °C vorheizen.

Den Boden einer runden Form (25 cm Ø) mit einem Stück Backpapier auslegen.

Ein feines Sieb über einer großen Schüssel einhängen und Mandeln, Mehl, 200 g Zucker und Kakao hineinsieben.

Die Eiweiße mit dem Salz steif schlagen. Sobald der Eischnee relativ fest ist, den restlichen Zucker unterrühren.

Die Kakaomischung mit einem biegsamen Plastikteigschaber vorsichtig unter den Eischnee heben.

Die Masse in die Form füllen, mit einer Palette glatt streichen und 15–17 Minuten backen.

Auf einem Kuchengitter auskühlen lassen. Anschließend mit einem Messer am Rand der Form entlangfahren und den Kuchen aus der Form stürzen.

Die Dacquoise mithilfe einer Schablone mit Puderzucker verzieren.

Gefüllte Kuchen

Man sagt, an gefüllte Kuchen solle man sich erst heranwagen, wenn man bereits etwas geübter sei, werden sie doch schon zur hohen Schule der Patisserie gezählt.

Auch ich musste erst ins kalte Wasser springen, um zu erkennen, dass gefüllte Kuchen nicht schwerer herzustellen sind als Cakes. Nach zahlreichen Versuchen kann ich Sie beruhigen: Ist der Kuchen (siehe vorhergehendes Kapitel) erst einmal gelungen, ist alles Weitere ein Kinderspiel.

Die Füllung kann eine einfache Ganache (halb Sahne, halb Schokolade) sein, die man noch mit Orangenspalten, Orangenblütenwasser, gehackten Haselnusskernen und Gianduja, Cocktailkirschen und kandierter Orangenschale oder anderen Zutaten verfeinern kann.

Unvergesslich ist mir ein gefüllter Kuchen mit Ricotta, in Obstbrand eingeweichten kandierten Früchten und gehackter Zartbitterschokolade geblieben.

Doch da sind Ihrer Fantasie keine Grenzen gesetzt, denn Schokolade verträgt sich mit (fast) allem.

Ein paar Tipps, mit denen Ihr gefüllter Kuchen garantiert gelingt:

1) Den Kuchen nach dem Backen etwas abkühlen lassen, bevor Sie ihn aus der Form stürzen, und danach einige Stunden in den Kühlschrank legen. Er lässt sich dann leichter durchschneiden.

2) Damit beim Durchschneiden nichts schiefgeht, den Kuchen auf die Arbeitsfläche oder besser noch auf ein auf die Größe des Kuchens zugeschnittenes Stück Pappe legen, die Schnittführung rundherum mit einem Messer vorzeichnen und den Kuchen anschließend mit einem Messer mit langer, dünner Klinge durchschneiden.

3) Um die beiden Hälften zu trennen, ohne dass ein Malheur passiert (der Trick stammt von mir), ein Stück Backpapier (oder normales, mit Öl eingefettetes Papier) mit Klebstreifen an der Spitze eines langen Messers befestigen und in den durchgeschnittenen Kuchen schieben. Den oberen Teil des Kuchens mit dem Papier abheben und so zur Seite legen. Beide Kuchenhälften, falls es das Rezept verlangt, tränken und die Füllung auf der unteren Hälfte verstreichen. Dabei am Rand 1 cm frei lassen. Die zweite Hälfte darauflegen und etwas andrücken. Mit Frischhaltefolie abdecken und kalt stellen. Vor dem Servieren mit der lauwarmen Glasur überziehen.

Schokoladenkuchen mit karamellisierten Haselnüssen

FÜR DEN KUCHEN

130 g Butter, in kleinen Stücken + 10 g für die Form
10 g Mehl zum Ausstäuben, 4 Eier
200 g Schokolade (mindestens 50 % Kakaoanteil)
125 g Demerarazucker, 1 TL Vanilleextrakt
50 g gemahlene Mandeln, 1 Prise Salz

FÜR DIE FÜLLUNG

80 g Haselnusskerne, 50 g Butter, 75 g Puderzucker

FÜR DIE GLASUR

200 g Zartbitterschokolade, 250 g Sahne

Den Backofen auf 150 °C vorheizen.

Für den Kuchen eine Rundform mit Butter einfetten und mit Mehl ausstäuben. Die Eier trennen.

Die Schokolade in Stücke brechen und bei sehr geringer Hitze oder im Wasserbad schmelzen. Sobald sie zu schmelzen beginnt, vorsichtig mit einem Spatel umrühren. Butter, Zucker und Vanille unter die geschmolzene Schokolade rühren, die Eigelbe einzeln unterrühren und zum Schluss die Mandeln untermischen.

Die Eiweiße mit dem Salz steif schlagen. Dabei auf der niedrigsten Stufe beginnen und die Geschwindigkeit allmählich erhöhen. Den Eischnee anschließend mit einem biegsamen Plastikteigschaber vorsichtig unter die Schokoladenmischung heben.

Den Teig in die Form füllen und 35 Minuten backen. Auf einem Kuchengitter auskühlen lassen und danach in den Kühlschrank stellen.

Für die Füllung die Haselnusskerne ohne Fettzugabe unter Rühren in einer beschichteten Pfanne rösten. In eine Schüssel füllen und die Häutchen entfernen (die Nüsse dazu zwischen den Fingerspitzen reiben). Die Hälfte der Nüsse grob hacken, die andere Hälfte mahlen.

Die Butter in einem kleinen Topf zerlassen.

Die gemahlenen Nüsse in einer mittelgroßen Schüssel mit dem Puderzucker mischen. Die heiße Butter darübergießen, 3 Esslöffel heißes Wasser hinzufügen und die Zutaten gut verrühren.

Den Kuchen aus dem Kühlschrank nehmen. Waagrecht halbieren (s. S. 187), die Füllung auf der unteren Hälfte verstreichen, die zweite Hälfte darauflegen, leicht andrücken und den Kuchen wieder in den Kühlschrank stellen.

Für die Glasur die Schokolade in Stücke brechen. Die Sahne aufkochen, den Topf vom Herd nehmen und die Schokolade unter Rühren darin schmelzen. Sobald die Mischung glatt ist, die grob gehackten Haselnusskerne untermischen.

Den Kuchen damit überziehen, nach Belieben noch mit gehackten Haselnusskernen bestreuen und servieren, solange die Glasur noch lauwarm ist.

Schwarzwälder Kirschtorte

10 g Butter für die Form

8 Eier, getrennt

280 g Zucker

125 g Schokolade (60–70 % Kakaoanteil)

180 g Mehl

1 Päckchen Backpulver

500 g Sahne

30 g Kakaopulver, gesiebt

50 g Zucker

1 großes Glas Sauerkirschen

2 EL Rum

4 EL Himbeergelee

1 Tafel Schokolade (für die Schokoladenraspel)

Den Backofen auf 180 °C vorheizen und eine Rundform (23–25 cm Ø) mit Butter einfetten.

Eigelbe und Zucker mit dem Handmixer schaumig schlagen. Die Eiweiße in einer großen Schüssel zu Schnee schlagen.

Die Schokolade in Stücke brechen und in einem großen Topf bei sehr geringer Hitze oder im Wasserbad schmelzen. Sobald sie zu schmelzen beginnt, vorsichtig mit einem Spatel umrühren. Die vollständig geschmolzene Schokolade vom Herd nehmen und die Eigelb-Zucker-Mischung, Mehl und Backpulver unterrühren. Den Eischnee vorsichtig mit einem biegsamen Plastikteigschaber unterheben.

Den Teig in die Form füllen und 45 Minuten backen.

Die Sahne in eine große Schüssel gießen und 15 Minuten ins Gefrierfach stellen. Anschließend mit dem Handmixer zu Schlagsahne schlagen. Das Kakaopulver und den Zucker darüberstreuen und mit dem Teigschaber unterrühren (von der Mitte zum Rand rühren und die Schüssel dabei drehen).

Die Schokolade für die Raspel vorher 1 Stunde in den Kühlschrank legen.

Mit Frischhaltefolie abdecken und in den Kühlschrank stellen. Die Kirschen abgießen, abtropfen lassen und mit dem Rum beträufeln.

Den fertigen Kuchen auf einem Kuchengitter auskühlen lassen, aus der Form nehmen und zweimal waagrecht durchschneiden.

Eine Kuchenscheibe auf eine Servierplatte legen, mit Schokoladensahne bestreichen und mit Kirschen belegen. Die zweite Kuchenscheibe darauflegen und mit

dem Himbeergelee bestreichen. Die dritte Scheibe daraufsetzen, mit Schokoladensahne bestreichen und mit Kirschen belegen. Genausogut kann man sich auf zwei Kuchenscheiben beschränken und das Himbeergelee weglassen.

Die Torte mit der restlichen Schokoladensahne überziehen, mit Kirschen und Schokoladenraspeln verzieren und bis zum Servieren kalt stellen.

Irish-Coffee-Kuchen

FÜR DEN BISKUIT

200 g weiche Butter + 10 g für die Form, 200 g Mehl
+ 10 g zum Ausstäuben, 200 g Zucker, 1 TL Backpulver
3 Eier, 3 gehäufte EL Kakaopulver, 1 Prise Salz

FÜR DIE FÜLLUNG

150 g Sahne, 100 g Zartbitterschokolade mit
70 % Kakaoanteil (nach Möglichkeit mit Kakaobohnensplittern)
3 Eiweiß, 1 Päckchen Vanillezucker
1 Tasse sehr starker Kaffee, 10 cl Whisky

FÜR DIE GLASUR

150 g Schokolade (70 % Kakaoanteil), 100 g Sahne
1 EL Öl (Erdnuss-, Sonnenblumen- oder Walnussöl)

Ein Backblech auf den Backofenrost stellen und auf der mittleren Schiene ein-schieben. Den Backofen auf 190 °C vorheizen.

Eine beschichtete Rundform (etwa 22 cm Ø) mit der Butter einfetten und mit dem Mehl ausstäuben.

In einer mittelgroßen Schüssel Butter und Zucker mit dem Schneebesen schaumig schlagen. Nacheinander Mehl, Backpulver, Eier, Kakao und Salz unterrühren.

Den Teig in die Form füllen und 15 Minuten backen. Den fertigen Biskuit auf einem Kuchengitter auskühlen lassen.

Die Sahne in eine große Schüssel gießen und 15 Minuten ins Gefrierfach stellen.

Ein halbes Glas Wasser in einen großen Topf gießen und erhitzen. Schokolade in eine Schüssel geben, ins Wasserbad stellen und die Zartbitterschokolade schmelzen. Mit einem Spatel glatt rühren und etwas abkühlen lassen.

In einer großen Schüssel die Eiweiße mit dem Handmixer steif schlagen und mit einem biegsamen Plastikteigschaber vorsichtig unter die lauwarme Schokolade heben.

Die Sahne mit dem Handmixer zu Schlagsahne schlagen. Wenn die Sahne fast die gewünschte Konsistenz hat, den Vanillezucker unterrühren. Die Sahne anschließend in den Kühlschrank stellen.

In einer kleinen Schüssel den Kaffee mit dem Whisky mischen.

Den Biskuit mit einem langen Sägemesser zweimal waagrecht durchschneiden. Eine Biskuitscheibe auf die Servierplatte legen, mit dem Kaffee tränken und mit der Mousse au Chocolat bestreichen. Die zweite Scheibe darauflegen, ebenfalls mit Kaffee tränken und mit der Schlagsahne bestreichen. Die dritte, ebenfalls mit Kaffee getränkte Biskuitscheibe darauflegen und den Kuchen in den Kühlschrank stellen.

Für die Glasur die Schokolade in Stücke brechen. Die Sahne aufkochen, Schokolade und Öl dazugeben und den Topf vom Herd nehmen. Sobald die Schokolade zu schmelzen beginnt, vorsichtig mit einem Spatel umrühren.

Den Kuchen aus dem Kühlschrank nehmen, die Glasur in die Mitte gießen und sofort mit einer Palette verstreichen. Den Kuchen anschließend wieder in den Kühlschrank stellen.

Den Kuchen 30 Minuten vor dem Servieren aus dem Kühlschrank nehmen und aufschneiden (das Messer dabei immer wieder in heißes Wasser tauchen).

Baskischer Schokoladenkuchen

FÜR DEN TEIG

200 g Schokolade (70 % Kakaoanteil), 180 g Zucker
2 große Eier, 120 g Butter, zerlassen, + 10 g für die Form,
240 g Mehl, 1 Päckchen Backpulver

FÜR DIE GANACHE

150 g Schokolade (70 % Kakaoanteil), 100 g Crème fraîche
15 g Butter, 1 TL gemahlener Zimt

Für den Teig die Schokolade in Stücke brechen und bei sehr geringer Hitze im Topf oder im Wasserbad schmelzen. Sobald sie zu schmelzen beginnt, vorsichtig mit einem Spatel umrühren. Die Schokolade glatt rühren und vom Herd nehmen.

In einer kleinen Schüssel Zucker, Eier und Butter mit dem Schneebesen verrühren. Das gesiebte Mehl mit dem Backpulver und danach die geschmolzene Schokolade untermischen. Den Teig mit Frischhaltefolie abdecken und mindestens 3 Stunden (am besten sogar einen Tag) im Kühlschrank ruhen lassen.

Den Backofen auf 160 °C vorheizen und eine Rundform (24–26 cm Ø) mit Butter einfetten.

Für die Ganache die Schokolade in Stücke brechen. Die Crème fraîche aufkochen, vom Herd nehmen und die Schokolade unter Rühren darin schmelzen. Butter und Zimt unterrühren und zur Seite stellen.

Den Teig aus dem Kühlschrank nehmen, in zwei gleiche Portionen teilen, jeweils zu einer Kugel formen und auf Backpapier zu zwei Kreisen in der Größe der Form ausrollen. Den Boden der Form mit einer Teigscheibe auslegen. Die Ganache darauf verstreichen (dabei einen kleinen Rand frei lassen), die zweite Teigscheibe darauflegen und am Rand gut andrücken.

Den Kuchen 40 Minuten backen und lauwarm oder kalt servieren.

Himbeer-Schokoladen-Torte

100 g Schokolade (70 % Kakaoanteil)

2 EL Instant-Kaffeepulver

2 EL Kaffeelikör

200 g Vanillesauce

300 g Crème double

1 Schokoladenbiskuit (s. S. 180)

300 g Himbeeren

Die Schokolade in Stücke brechen und in einem mittelgroßen Topf bei sehr geringer Hitze oder im Wasserbad schmelzen. Sobald sie zu schmelzen beginnt, vorsichtig mit einem Spatel umrühren. Die Schokolade glatt rühren, vom Herd nehmen und etwas abkühlen lassen. Sie darf nicht vollständig erkalten, weil sie sonst wieder hart wird.

Das Kaffeepulver in einer Schale in 1 Esslöffel kochendem Wasser und dem Likör auflösen.

Die Vanillesauce mit der geschmolzenen Schokolade verrühren und anschließend die Crème double unterrühren.

Den Biskuit waagrecht halbieren. Eine Hälfte so zurechtschneiden, dass sie in eine Rundform passt. Den Boden damit auslegen, mit dem Kaffeesirup tränken, die Hälfte der Himbeeren darauf verteilen und mit der Hälfte der Schokoladencreme überziehen.

Die zweite Teigscheibe darauflegen und den Vorgang wiederholen.

Den Kuchen mit Frischhaltefolie abdecken und vor dem Servieren mindestens 30 Minuten in den Kühlschrank stellen.

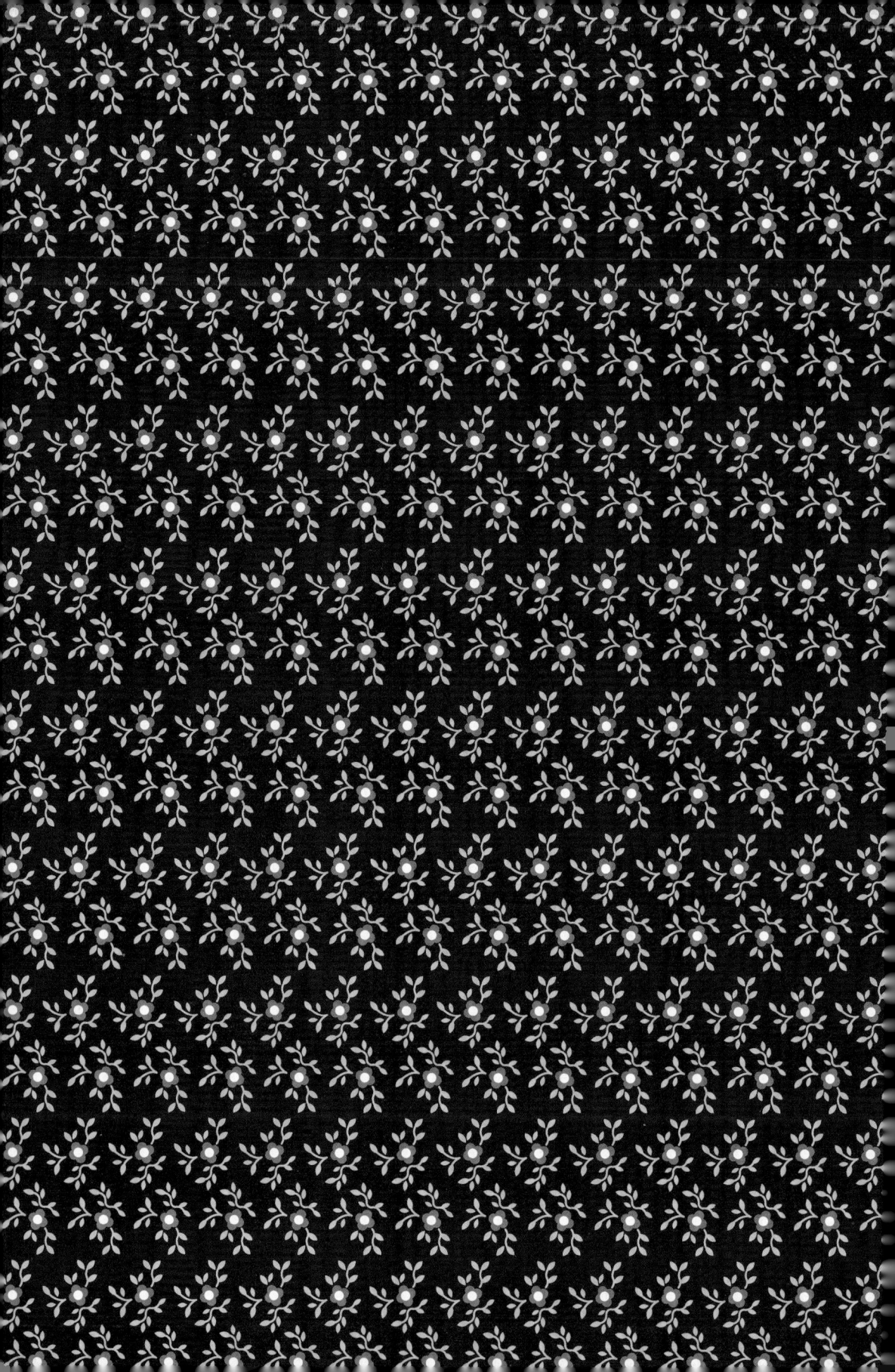

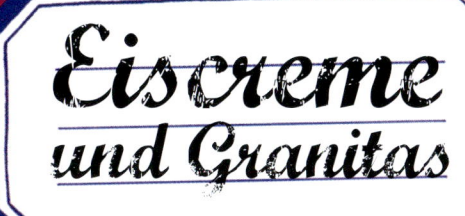

Eiscreme
und Granitas

Eiscreme gehört zu den Desserts, die ich gerne selbst mache, denn industriell hergestelltes Eis erreicht niemals die gleiche Qualität.

Außerdem hat man so die Möglichkeit, das Eis zum Beispiel mit grob zerkrümelten Keksen anzureichern, aber auch etwas weniger Zucker – oder Farbstoff – zu verwenden.

Was mir zu meinem Glück noch fehlt, das ist die berühmte Sorbetmaschine. Ich höre meinen Mann schon sagen: »Sag nicht, dass du dir jetzt auch noch eine Sorbetmaschine anschaffen willst, deine Küche platzt doch sowieso schon aus allen Nähten!?« Nun ja, wie gesagt, ich besitze immer noch keine, doch das hindert mich durchaus nicht daran, auch mein Sorbet selbst zu machen.

Zugegeben, die Herstellung von Eiscreme ist nicht ganz einfach. Denn das Eis muss so weich sein, dass man es formen kann, darf aber auch nicht zerfließen. Wenn Sie auf der sicheren Seite sein wollen, sollten Sie sich am besten für eine Granita entscheiden. Ein supereinfaches Dessert, das jedes Getränk in ein erfrischendes Eis verwandelt. Sie haben Durst? Dann zücken Sie schon mal Ihre Gabel!

Ein paar kleine Tipps vorweg:

1) Den Saft für die Granita immer in ein großes, flaches Gefäß (z.B. eine Auflauf- oder Torten- form) gießen, denn je größer die Oberfläche, desto schneller gefriert er.

2) Es ist schwer zu sagen, wann genau der gefrorene Saft durchgerührt werden muss. Auch hier gilt jedoch wieder: Je größer die Oberfläche, desto früher muss gerührt werden. In der Regel macht man das nach 1-2 Stunden.

3) Je heißer es draußen ist (Granitas genießt man für gewöhnlich besonders gerne im Sommer), desto schneller muss es mit dem Servieren gehen, denn Granitas zerfließen im Nu. Mein Trick: Ich stelle die Gläser oder Schalen mindestens 1 Stunde vor dem Servieren in den Kühlschrank, stelle ein Tablett zum Servieren bereit und bereite die Dekorationen (z.B. Schokoladenraspel oder Minze- blätter) vor, bevor ich die Granita aus dem Gefrierfach nehme. Dann fülle ich die Gläser oder Schalen nacheinander und stelle sie, sobald sie gefüllt sind, in den Kühlschrank.

Wassermelonen-Granita mit Schokoraspeln

½ Wassermelone (etwa 800 g Fruchtfleisch)
2 EL Zitronensaft
100 g Puderzucker
1 EL Balsamico-Essig
50 g Schokolade, gehackt oder geraspelt

Das Fruchtfleisch aus der Schale herauslösen. Dabei alle weißen Teile, die eventuell noch daran haften, sorgfältig entfernen.
Die Kerne unter fließendem Wasser
abspülen.

Das Fruchtfleisch mit den übrigen Zutaten
– bis auf die Schokolade – im Mixer
pürieren.

In eine große, flache Schale füllen und
6 Stunden ins Gefrierfach stellen. Das
Püree alle 2 Stunden mit einer Gabel
durchrühren.

Die Granita unmittelbar vor dem Servieren
mit einer Gabel abschaben, in Gläser füllen und mit der Schokolade bestreuen.

Die Schokolade darf erst ganz zum Schluss dazugegeben
werden, denn die Kälte beeinträchtigt ihren Geschmack.

Zuccotto

2 L SCHOKOLADENEIS
600 G LÖFFELBISKUITS
12 CL COGNAC
100 G MANDELBLÄTTCHEN
½ TASSE KANDIERTE ORANGENSCHALEN, FEIN GEWÜRFELT
1 EL KAKAOPULVER
1 EL PUDERZUCKER

Das Eis aus der Gefriertruhe nehmen und bei Zimmertemperatur etwas weich werden, aber nicht schmelzen lassen.

Eine Charlottenform (oder eine Guglhupfform) innen etwas mit Wasser befeuchten und mit Frischhaltefolie auskleiden. Die Folie dabei großzügig überstehen lassen.

Die Biskuits zunächst waagrecht halbieren und die Hälften anschließend so halbieren, dass Dreiecke entstehen.

Die Biskuits mit Cognac tränken und Boden und Wände der Form damit auskleiden. Die Biskuits sollten sich etwas überlappen und mit der Spitze nach unten zeigen. Einige Biskuits zurückbehalten.

Mandelblättchen und Orangenschalen unter das Eis mengen, in die Form füllen und mit den restlichen Biskuits bedecken.

Die Folie darüberschlagen und den Zuccotto 5 Stunden oder über Nacht ins Gefrierfach stellen.

Den Zuccotto vor dem Servieren auf eine Platte stürzen und mit Kakaopulver und Puderzucker bestäuben.

Schokoladeneis mit Tonkabohne

250 ML MILCH

350 G SAHNE

⅓ TONKABOHNE, GERIEBEN

130 G SCHOKOLADE (70 % KAKAOANTEIL)

2 EIGELB

20 G PUDERZUCKER

ETWAS FLEUR DE SEL, WEISSE SCHOKOLADE, GERASPELT,

ODER CREMA DI BALSAMICO (IM FEINKOSTHANDEL)

In einem kleinen Topf die Milch mit 200 g Sahne und der Tonkabohne aufkochen. Die Schokolade in Stücke brechen und in der heißen Sahne schmelzen lassen, glatt rühren. Vom Herd nehmen und warm halten.

Eigelbe und Puderzucker in einer Schüssel kräftig mit dem Schneebesen verrühren. Etwas heiße Sahnemilch unterschlagen und die restliche Milch in einem feinen Strahl einlaufen lassen. Dabei laufend weiterschlagen.

Die Mischung wieder in die Kasserolle gießen und 10–15 Minuten bei geringer Hitze einkochen lassen, bis sie die Konsistenz einer dicken Vanillesauce hat. Dabei laufend mit einem Holzspatel rühren. In die Schüssel zurückgießen und abkühlen lassen. Dabei von Zeit zu Zeit umrühren.

Die restliche eisgekühlte Sahne schlagen und unter die Eier-Milch-Mischung heben.

Mindestens 5 Stunden in die Gefriertruhe stellen. Nach 1 Stunde einmal kräftig mit dem Schneebesen durchrühren und den Vorgang nach 2 oder 3 Stunden und unmittelbar vor dem Servieren nochmals wiederholen.

Mit Fleur de Sel und weißen Schokoladenraspeln bestreuen und mit etwas reduziertem Balsamico-Essig beträufeln.

Das Eis sollte möglichst 5˚6 Stunden vor dem Genuss vorbereitet werden, kann aber auch mehrere Tage in der Kühltruhe aufbewahrt werden.

Schokoladen-Himbeer-Granita

80 G ZUCKER
150 G ZARTBITTERSCHOKOLADE, GEHACKT
150 G HIMBEEREN, ZERDRÜCKT

In einem Topf den Zucker kurz mit 600 ml Wasser aufkochen lassen und die Herdplatte danach sofort ausschalten. Die zerkleinerte Schokolade unter Rühren darin schmelzen und abkühlen lassen.

Die Himbeeren hinzufügen, umrühren, die Mischung in eine große, flache Schale füllen und ins Gefrierfach stellen. Nach 2 Stunden mit einer Gabel durchrühren und weitere 2 Stunden gefrieren lassen.

Die Granita noch einmal durchrühren und mit einem Beeren-Coulis servieren.

Kaffee-Schokoladen-Granita mit Kardamom

90 G ZARTBITTERSCHOKOLADE (70 % KAKAOANTEIL)
500 ML STARKER KAFFEE, FRISCH GEKOCHT
70 G PUDERZUCKER
4–5 KARDAMOMKAPSELN

Die Schokolade raspeln oder hacken, in ein hitzebeständiges Gefäß geben, den heißen Kaffee darübergießen, den Puderzucker hinzufügen und die Schokolade unter Rühren schmelzen lassen.

Die Kardamomkapseln aufbrechen, die Samen herausschaben, im Mörser oder mit der Klinge eines Messers zerstoßen und zur Schokoladenmischung geben.

Die Mischung bei Zimmertemperatur abkühlen lassen, umrühren, in eine flache Schüssel füllen und 4 Stunden ins Gefrierfach stellen. Die Granita nach 1 ½ Stunden mit einer Gabel durchrühren und den Vorgang nach weiteren 1 ½ Stunden wiederholen.

Vor dem Servieren nochmals durchrühren und auf Gläser oder Schalen verteilen. Die Granita nach Belieben noch mit Schokoladensauce überziehen und mit Keksen servieren.

Marquisen,
Eisbomben und Parfaits

Die Marquise gehört zu jenen Desserts, von denen es so viele Varianten wie Pâtissiers gibt. Auch wenn sie der Larousse gastronomique als Süßspeise bezeichnet, »die zwischen einer Mousse und einem Parfait einzuordnen ist« und aus »Schokolade, sehr feiner Butter, Eiern und Zucker« besteht, reichert der französische Starkoch Guy Martin seine Marquisen gerne noch mit 500 g geschlagener Sahne an.

Was dabei herauskommt, ist eine locker-luftige Schokoladencreme, die trotzdem so kompakt ist, dass man sie in Scheiben schneiden kann.

Und wenn man sie richtig zubereitet, wird aus der Marquise auch keine Kalorienbombe. Deshalb reduziere ich den Zucker auf ein Minimum und gehe auch mit der Butter sparsam um. So bekommt die Marquise einen intensiven Schokoladengeschmack und eine kompakte Konsistenz.

Sie sollten sich allerdings nicht dazu hinreißen lassen, die Scheiben für Ihre Gäste zu großzügig zu bemessen, denn sie werden sie mit Sicherheit bis zum letzten Bissen aufessen und Sie am nächsten Morgen dafür vielleicht verfluchen. Seien Sie also lieber ein bisschen zurückhaltend, schließlich können Ihre Gäste ja jederzeit um einen Nachschlag bitten – und werden es sicherlich auch tun.

Ein paar kleine Tipps für perfekte Parfaits und Marquisen:

1) Die Form mit Frischhaltefolie auslegen. Desserts, die gekühlt werden müssen, sollten niemals direkt in die Form gegossen werden, weil sie sich dann nur schwer stürzen lassen.

Eine Ausnahme bilden Silikonformen; das allerdings auch nur, wenn das Dessert gefroren wird. Ansonsten kann es zerlaufen.

2) Um auf Nummer sicher zu gehen, die Form, bevor Sie sie mit Frischhaltefolie auskleiden, noch leicht mit Öl einstreichen. Das Dessert lässt sich dann mühelos stürzen.

3) Sie können Ihre Marquise oder Ihr Parfait auch in kleinen Portionsförmchen zubereiten.

Für 4 Personen • Zubereitung 15 Minuten • Gefrierzeit 3 Stunden

Schokoladenparfait mit Krokant

250 g Sahne

4 Eier

30 g Zucker

100 g gemahlener Krokant

100 g Schokolade (70 % Kakaoanteil)

100 g Sahne in eine große Schüssel gießen und 15 Minuten ins Gefrierfach stellen.

Die Sahne anschließend mit dem Handmixer zu Schlagsahne schlagen (nicht zu lange schlagen, damit sie nicht zu Butter wird) und kalt stellen.

Die Eier trennen. Die Eigelbe kräftig mit dem Zucker verrühren, die Eiweiße mit dem Handmixer steif schlagen.

Dann nacheinander den Krokant, die Schlagsahne und zum Schluss die Eigelb-Zucker-Mischung mit einem weichen Plastikteigschaber vorsichtig unter den Eischnee heben.

Vier kleine Portionsformen mit Frischhaltefolie ausschlagen, die Mischung einfüllen und mindestens 3 Stunden ins Gefrierfach stellen.

Anschließend die Parfaits aus dem Gefrierfach nehmen.

Für die Ganache die Schokolade in Stücke brechen. Die restliche Sahne aufkochen, vom Herd nehmen und die Schokolade unter Rühren darin schmelzen lassen.

Die Parfaits aus den Formen stürzen, mit der Ganache umgießen und sofort servieren.

Schokoladen-Marquise mit Ingwer und Safransauce

100 G ZARTBITTERSCHOKOLADE
50 G BUTTER, IN KLEINEN STÜCKEN
50 G KANDIERTER INGWER
1 EI + 2 EIGELB
60 G ZUCKER
1 EL MEHL, GESIEBT
1 TL KAKAOPULVER + 10 G ZUM BESTÄUBEN
1 VANILLESCHOTE
150 ML MILCH
EINIGE SAFRANFÄDEN

Die Vanille können Sie durch einen Teelöffel Instant-Kaffeepulver oder eine Prise Anis ersetzen.

Zwei kleine Formen innen etwas mit Wasser befeuchten und mit Frischhaltefolie ausschlagen.

Die Schokolade in Stücke brechen und in einem mittelgroßen Topf bei sehr geringer Hitze oder im Wasserbad schmelzen. Sobald sie zu schmelzen beginnt, vorsichtig mit einem Spatel umrühren. Glatt rühren, die Butter unterrühren und den Topf vom Herd nehmen.

Den Ingwer in dünne Scheiben schneiden.

Das Ei trennen und das Eigelb mit 30 g Zucker kräftig mit dem Schneebesen schaumig schlagen. Die Ei-Zucker-Mischung zusammen mit dem Mehl und dem Kakao unter die Schokolade rühren.

Das Eiweiß steif schlagen und mit einem weichen Plastikteigschaber vorsichtig unter die Schokoladenmischung heben.

Den Ingwer hinzufügen, die Mischung in die Formen gießen und mindestens 5 Stunden ins Gefrierfach stellen.

Kurz vor dem Servieren die Safransauce zubereiten. Dazu die 2 Eigelbe mit dem restlichen Zucker mit dem Schneebesen schaumig schlagen.

Die Vanilleschote der Länge nach aufschlitzen und das Mark mit einem Teelöffel herausschaben.

Die Milch mit Vanilleschote und -mark in einem kleinen Topf aufkochen.

Die kochende Milch in einem feinen Strahl auf die Eigelbmischung gießen und dabei laufend mit dem Schneebesen rühren. Die Mischung in den Topf zurückgießen und einige Minuten bei geringer Hitze unter Rühren erhitzen (aber nicht mehr zum Kochen kommen lassen), bis die Sauce etwas eingedickt ist.

Etwas abkühlen lassen, die Vanilleschote herausnehmen und den Safran einrühren.

Die Marquisen aus der Gefriertruhe nehmen, aus den Formen stürzen und mit Kakao bestäuben.

Die Sauce in tiefe Teller gießen und die Marquisen in der Mitte anrichten.

Klassische Eisbombe

300 g Schokolade (70 % Kakaoanteil)

400 g Sahne

250 ml Milch

6 Eigelb

250 g Zucker

Kakaopulver

Die Schokolade in Stücke brechen und bei sehr geringer Hitze oder im Wasserbad schmelzen. Sobald sie zu schmelzen beginnt, vorsichtig mit einem Spatel umrühren.

Die Sahne in eine große Schüssel gießen und 15 Minuten ins Gefrierfach stellen.

Die Milch erhitzen.

In der Zwischenzeit Eigelbe und Zucker mit dem Schneebesen schaumig schlagen. Die heiße Milch darübergießen und dabei laufend weiterrühren. Die Mischung in den Milchtopf zurückgießen und bei geringer Hitze wie eine Vanillesauce eindicken lassen. Dabei laufend umrühren und die Mischung nicht mehr zum Kochen kommen lassen.

Den Topf vom Herd nehmen, die Mischung auf die geschmolzene Schokolade gießen, umrühren und abkühlen lassen.

Eine halbrunde Schüssel mit Frischhaltefolie auskleiden.

Die Sahne aus dem Gefrierfach nehmen und mit dem Handmixer zu Schlagsahne schlagen. Mit einem weichen Plastikteigschaber vorsichtig unter die Schokoladenmischung heben. In die Schüssel füllen und mindestens 4 Stunden ins Gefrierfach stellen.

Die Eisbombe vor dem Servieren auf eine Platte stürzen, die Folie abziehen und die Eisbombe dick mit Kakao bestäuben.

Sie können die Eisbombe, nachdem Sie sie in die Schüssel gefüllt haben, noch mit einem mit Kaffee und Rum getränkten Biskuit abdecken.
Wenn Sie die Schüssel leicht mit Öl auspinseln, haftet die Frischhaltefolie anschließend besser.

Eisbombe Surprise

FÜR DEN SCHOKOLADENBISKUIT
200 g Butter + 20 g für die Form, 200 g Zucker
2007g Mehl, 1 TL Backpulver, 3 große Eier, 3 EL Kakaopulver,
1 Prise Salz, 1 Spritzer Orangenlikör, Cognac, Rum oder Portwein

FÜR DIE MARONENEISMASSE
400 g Sahne, 500 g Maronenpüree mit Vanille, 1 TL Rum
4 Eiweiß, 1 Prise Salz, Kakaopulver oder Schokoladenglasur

Die Sahne in eine Schüssel gießen und 15 Minuten ins Gefrierfach stellen.

Den Biskuit herstellen
Den Backofen auf 190 °C vorheizen. Zwei runde Backformen (22 cm Ø) mit Backpapier auslegen und das Papier mit Butter einfetten.

Butter und Zucker mit dem Handmixer schaumig schlagen. Nacheinander die restlichen Zutaten unterrühren, den Teig auf die Formen verteilen, mit einer Palette glatt streichen und 5 Minuten backen.

Den Biskuit aus dem Ofen nehmen und auskühlen lassen. Einen Biskuit auf die Arbeitsfläche stürzen und achteln. Eine tiefe, abgerundete Schüssel innen mit Wasser befeuchten und mit Frischhaltefolie ausschlagen. Die Wände so mit den Biskuitachteln auskleiden, dass die Spitzen nach unten zeigen (die Stücke dürfen sich ruhig etwas überlappen), und gut andrücken.

Die Eismasse herstellen
Die Sahne aus dem Gefrierfach nehmen und mit dem Handmixer zu Schlagsahne schlagen. Maronenpüree und Rum mit einem weichen Plastikteigschaber unterheben.

Die Eiweiße mit dem Salz steif schlagen und mit einem weichen Plastikteigschaber vorsichtig unter die Maronensahne heben. In die Schüssel füllen, den zweiten Biskuitboden darauflegen und überstehenden Teig gegebenenfalls abschneiden.

Mit Frischhaltefolie abdecken, mit einem Teller beschweren und mindestens 6 Stunden ins Gefrierfach stellen.

Vor dem Servieren auf eine Platte stürzen, die Folie abziehen und die Eisbombe mit Kakao bestäuben oder mit Schokoladenglasur überziehen.

Wenn Ihnen noch Biskuitreste bleiben, können Sie diese zwischen zwei Lagen Maronencreme einschichten.

Einfache geeiste Marquise

250 G SCHOKOLADE

250 G BUTTER, IN KLEINEN STÜCKEN

4 EIER

4 EL ZUCKER

Eine Kastenform leicht mit Öl einfetten und mit Frischhaltefolie ausschlagen. Die Folie an den beiden langen Seiten großzügig überstehen lassen.

Die Schokolade in Stücke brechen und in einem großen Topf bei sehr geringer Hitze oder im Wasserbad schmelzen. Sobald sie zu schmelzen beginnt, vorsichtig mit einem Spatel umrühren. Glatt rühren, die Butter unterrühren und den Topf vom Herd nehmen.

Die Eier trennen. Die Eigelbe mit dem Zucker schaumig schlagen und unter die Schokolade rühren.

Die Eiweiße mit dem Handmixer steif schlagen. Dabei auf niedrigster Stufe beginnen und die Geschwindigkeit allmählich erhöhen. Den Eischnee anschließend mit einem weichen Plastikteigschaber vorsichtig unter die Schokoladenmasse heben.

Die Mischung in die Form füllen, die überstehende Folie darüberschlagen und die Marquise mindestens 3 Stunden in die Gefriertruhe stellen.

Die Marquise 15 Minuten vor dem Servieren aus der Gefriertruhe nehmen, auf eine Platte stürzen und die Folie abziehen.

Schnelle Marquise à la Julie

1 PÄCKCHEN SCHOKOLADENPUDDING OHNE KOCHEN (FERTIGPRODUKT)

100 G SAHNE

150 ML MINERALWASSER

30 G KAKAOPULVER + 10 G ZUM BESTÄUBEN

1 EL GUTER BALSAMICO-ESSIG

1–2 EL ORANGENBLÜTENWASSER

1 MSP. PIMENT D'ESPELETTE (ERSATZWEISE CAYENNEPFEFFER)

4 KANDIERTE MANDARINEN- ODER ORANGENSPALTEN

Eine runde Form (20 cm Ø) innen mit Wasser befeuchten und mit Frischhaltefolie ausschlagen.

Das Puddingpulver mit der Sahne und dem Mineralwasser vermengen und 2 Minuten mit dem Handmixer schlagen.

Kakao, Balsamico-Essig, Orangenblütenwasser und Piment d'Espelette unterrühren, die Mischung in die Form füllen, mit den angefeuchteten Fingern glatt streichen und mindestens 3 Stunden in die Gefriertruhe stellen.

Die Form vor dem Servieren aus der Gefriertruhe nehmen und die Marquise aus der Form stürzen. Mit Kakao bestäuben, auf eine Servierplatte geben und mit kandierten Mandarinenspalten dekorieren.

Die Marquise sofort servieren oder noch 30 Minuten ruhen lassen. Sie ist dann zwar ein wenig weich, schmeckt so aber sogar noch besser.

Ich verwende am liebsten in Sirup eingelegte kandierte Orangen, denn sie sind weicher und aromatischer.

Marquise mit Maronencreme

200 g Schokolade (mindestens 60 % Kakaoanteil)

250 g Maronencreme

4 Eier + 2 Eiweiß

1 Prise Salz

3 EL Rum oder Whisky

50 g Löffelbiskuits

Eine Kastenform (etwa 22 cm lang) leicht mit Öl einfetten und mit Frischhaltefolie ausschlagen. Die Folie an den beiden langen Seiten großzügig überstehen lassen.

Die Schokolade in Stücke brechen und in einem großen Topf bei sehr geringer Hitze oder im Wasserbad schmelzen. Sobald sie zu schmelzen beginnt, vorsichtig mit einem Spatel umrühren. Glatt rühren und die Maronencreme unterrühren.

Die Eier trennen. Die Eigelbe einzeln unter die Schokoladenmischung rühren.

Die 6 Eiweiße mit dem Salz mit dem Handmixer steif schlagen. Dabei auf niedrigster Stufe beginnen und die Geschwindigkeit allmählich erhöhen. Den Eischnee anschließend mit einem weichen Plastikteigschaber vorsichtig unter die Schokoladencreme heben.

Ein Viertel der Creme in die Form füllen.

Rum oder Whisky auf einen Teller gießen und 4 Löffelbiskuits kurz darin tränken. In gleichmäßigen Abständen auf der Creme verteilen und mit Creme bedecken. Mit der restlichen Creme und den restlichen Biskuits ebenso verfahren und mit einer Schicht Creme abschließen.

Die Marquise mit der überstehenden Folie abdecken, über Nacht in den Kühlschrank und vor dem Servieren noch 1 Stunde ins Gefrierfach stellen, damit sie sich leichter stürzen lässt.

Aus der Form stürzen, die Folie abziehen, die Marquise in Scheiben schneiden und servieren.

Schokoladenterrine mit After-Eight-Glasur

500 G SCHOKOLADE (70 % KAKAOANTEIL)

300 G BUTTER, IN KLEINEN STÜCKEN

6 EIER

1 PRISE SALZ

ETWA 10 AFTER-EIGHT-TÄFELCHEN

100 G SAHNE

Die Schokolade in Stücke brechen und bei sehr geringer Hitze oder im Wasserbad schmelzen. Sobald sie zu schmelzen beginnt, vorsichtig mit einem Spatel umrühren. Glatt rühren, die Butter unterrühren, den Topf vom Herd nehmen und die Schokolade etwas abkühlen lassen.

Die Eier trennen. Die Eigelbe einzeln unter die lauwarme Schokolade rühren. Die Eiweiße und das Salz mit dem Handmixer steif schlagen. Dabei auf niedrigster Stufe beginnen und die Geschwindigkeit allmählich erhöhen. Den Eischnee anschließend mit einem weichen Plastikteigschaber vorsichtig unter die Schokoladenmischung heben.

Eine mittelgroße Terrinenform innen mit Wasser befeuchten und mit Frischhaltefolie ausschlagen. Die Folie an den beiden langen Seiten großzügig überstehen lassen. Die Schokoladenmischung einfüllen, mit der überstehenden Folie abdecken und mindestens 12 Stunden in den Kühlschrank stellen.

1 Stunde vor dem Servieren die After-Eight-Täfelchen mit der Sahne in einen kleinen Topf geben, unter Rühren schmelzen und danach etwas abkühlen lassen. Die Terrine stürzen, mit der After-Eight-Ganache überziehen und 30 Minuten in den Kühlschrank stellen, bis die Ganache fest ist.

Die Terrine in Scheiben schneiden und mit einer mit Kardamom aromatisierten Vanillesauce servieren.

Geeister Nugat mit Feigen, Ingwer und Gewürzen

4 KARDAMOMKAPSELN

4 GEWÜRZNELKEN

1 TL GEMAHLENER ZIMT

1 MSP. GERIEBENE MUSKATNUSS

250 G ZARTBITTERSCHOKOLADE

1 EL ORANGENLIKÖR

200 G CRÈME DOUBLE

100 G GETROCKNETE FEIGEN

30 G KANDIERTER INGWER

100 G WALNUSSKERNE, GROB GEHACKT

60 G UNGESALZENE PISTAZIENKERNE, GROB GEHACKT

Eine Kastenform (20–22 cm lang) innen mit Wasser befeuchten und mit Frischhaltefolie ausschlagen.

Die Kardamomkapseln zerdrücken, bis sie aufspringen, und die Samen mit den Gewürznelken im Mörser zerstoßen. Zimt und Muskat dazugeben und die Gewürze vermischen.

Die Schokolade in Stücke brechen und bei sehr geringer Hitze oder im Wasserbad schmelzen. Sobald sie zu schmelzen beginnt, vorsichtig mit einem Spatel umrühren. Glatt rühren, Orangenlikör, Crème double und die Gewürze unterrühren und vom Herd nehmen.

Feigen und Ingwer fein würfeln, mit den Walnuss- und den Pistazienkernen mischen und rasch unter die Schokoladencreme rühren. Die Creme in die Form füllen. Die Form auf der Arbeitsfläche aufstoßen, damit sich die Creme gleichmäßig verteilt und keine Luftblasen entstehen. Die Oberfläche mit dem Rücken eines Löffels glatt streichen und die Form 2 Stunden ins Gefrierfach stellen.

Nugat 15 Minuten vor dem Servieren aus der Gefriertruhe nehmen und in etwa 1 cm dicke Scheiben schneiden.

Mit Pistazieneis, das Sie zuvor erwärmt haben, servieren.

Mokka-Karamell-Eistorte

1 L KARAMELLEIS

1 L MOKKAEIS

200 G BAISERS, ZERKRÜMELT

½ TL GEMAHLENER ZIMT (NACH BELIEBEN)

150 G SCHOKOLADE (70 % KAKAOANTEIL)

100 G BUTTER

1 EL COGNAC

ETWAS ÖL ZUM EINFETTEN DER FORM

Das Eis 20 Minuten vor der Zubereitung aus dem Gefrierfach nehmen.

Eine Rundform leicht mit Öl einfetten und mit Frischhaltefolie ausschlagen. Die Folie dabei großzügig überstehen lassen.

Das Eis mit dem Schneebesen durchrühren, damit es weich wird. Das Karamelleis auf dem Boden der Form verteilen, die Hälfte der Baisers darauf verteilen und mit Zimt bestreuen. Das Mokkaeis darauf verteilen, die restlichen Baisers darüberstreuen und die Folie darüberschlagen.

Die Form mindestens 4 Stunden ins Gefrierfach stellen.

10 Minuten vor dem Servieren die Schokolade in Stücke brechen und bei sehr geringer Hitze oder im Wasserbad schmelzen. Sobald sie zu schmelzen beginnt, vorsichtig mit einem Spatel umrühren. Glatt rühren und die Butter unterrühren. Den Topf vom Herd nehmen, den Cognac einrühren und die Schokolade etwas abkühlen lassen.

Die Eistorte aus dem Gefrierfach nehmen und aus der Form auf eine Platte heben. Die Schokolade darübergießen und mit einer Palette verstreichen.

Maronenparfait

200 G SCHOKOLADE

200 G MARONENCREME

200 G SAHNE

1 EL RUM

1 TL ORANGENBLÜTENWASSER

50 G BAISERS

Eine Kastenform (etwa 22 cm lang) leicht mit Öl einfetten und mit Frischhaltefolie ausschlagen. Die Folie an den beiden langen Seiten großzügig überstehen lassen.

Die Schokolade in Stücke brechen und bei sehr geringer Hitze oder im Wasserbad schmelzen. Sobald sie zu schmelzen beginnt, vorsichtig mit einem Spatel umrühren. Den Topf anschließend vom Herd nehmen.

In einer großen Schüssel die Maronencreme mit der Sahne verrühren. Rum, Orangenblütenwasser und die geschmolzene Schokolade hinzufügen und unterziehen.

Den Boden der Form mit der Creme bedecken und die Creme 15 Minuten im Gefrierfach fest werden lassen.

In der Zwischenzeit die Baisers grob zerkleinern.

Eine Schicht Baisers auf der erstarrten Creme verteilen, eine zweite Schicht Creme darübergießen und die Form erneut für 15 Minuten ins Gefrierfach stellen. Den Vorgang so lange wiederholen, bis Creme und Baisers aufgebraucht sind.

Das Parfait mindestens 5 Stunden ins Gefrierfach stellen, anschließend aus der Form stürzen, in Scheiben schneiden und mit einer Vanillesauce servieren.

Sie können den Rum durch Whisky und das Orangenblüten-wasser durch flüssigen Vanilleextrakt ersetzen.

Knusprige Schokoladen-Kirsch-Terrine

150 g Kirschen (aus dem Glas)

3 EL Kirschwasser

350 g Schokolade (60–70 % Kakaoanteil)

150 g Crème double

150 g Sahne

100 g Butter, in kleinen Stücken

200 g Vanillewaffeln

Die Kirschen abtropfen lassen, den Saft dabei auffangen. 200 ml des Safts abmessen und mit dem Kirschwasser verrühren.

Die Schokolade in Stücke brechen und mit Crème double und Sahne in ein mikrowellengeeignetes Gefäß geben. Im Wasserbad oder dreimal 1 Minute auf höchster Stufe in der Mikrowelle schmelzen, umrühren, die Butter einrühren und abkühlen lassen.

Eine kleine Terrinenform oder Kastenform innen mit Wasser befeuchten und mit Frischhaltefolie auskleiden. Die Folie an den langen Seiten großzügig überstehen lassen.

Ein Drittel der Waffeln kurz im Kirschsaft tränken, den Boden der Form damit auslegen und die Hälfte der Schokoladencreme darauf verstreichen. Die Hälfte der restlichen Waffeln im Saft tränken und auf der Creme verteilen. Die Kirschen und anschließend die restliche Creme darauf verteilen und mit den restlichen getränkten Waffeln abschließen. Die Folie darüberschlagen und die Terrine mindestens 3 Stunden, am besten aber über Nacht, in den Kühlschrank stellen.

Vor dem Servieren aus der Form stürzen, in dünne Scheiben schneiden und mit einer Sauce aus geschmolzener Schokolade und dem restlichen Kirschsaft servieren.

Wenn Sie tiefgekühlte Kirschen verwenden, die Früchte in der Mikrowelle oder bei Zimmertemperatur auftauen und abtropfen lassen. Dabei den Saft zum Tränken der Waffeln auffangen.

Durch die Sahne und die Crème double bekommt das Parfait eine wunderbare – weder zu feste noch zu weiche – Konsistenz.

Schokoladen-Spekulatius-Terrine mit Zimt

150 g Schokolade (55 % Kakaoanteil)

100 g Schokolade (mindestens 70 % Kakaoanteil)

100 g Sahne

120 g Butter, in kleinen Stücken

1 großes, ganz frisches Ei, verquirlt

1 Päckchen Vanillezucker

1 TL gemahlener Zimt

200 g Spekulatius

Beide Schokoladen in Stücke brechen, mit der Sahne in ein mikrowellengeeignetes Gefäß geben und im Wasserbad oder dreimal 1 Minute auf höchster Stufe in der Mikrowelle schmelzen. Die geschmolzene Schokolade glatt rühren.

Butter, Ei, Vanillezucker und Zimt unterrühren und abkühlen lassen.

Ein Drittel der Creme auf dem Boden einer kleinen beschichteten Kastenform verteilen, mit einer Schicht Spekulatius bedecken, das zweite Drittel der Creme darauf verstreichen und den Vorgang so lange wiederholen, bis die Zutaten aufgebraucht sind. Den Abschluss sollte eine Schicht Spekulatius bilden.

Die Form in Frischhaltefolie einschlagen und die Terrine mindestens eine Nacht im kältesten Bereich des Kühlschranks ruhen lassen.

Vor dem Servieren in Scheiben schneiden und nach Belieben mit einer lauwarmen Karamellsauce servieren (dazu 100 g Karamell-Kaubonbons mit 150 g Sahne aufkochen und bei geringer Hitze schmelzen lassen).

Moelleux

Wir Franzosen lieben den weichen Schokoladen-kern, den wir in allen nur denkbaren Nuancen durchdeklinieren. Nach dem Coulant nun also der Moelleux, ein Mittelding zwischen Kuchen und Pudding. Auch er ist innen weich, aber nicht ganz so flüssig wie der Coulant und sollte des-halb warm gegessen werden.

In einem unterscheiden sich die beiden allerdings erheblich: Der Moelleux ist weitaus einfacher und schneller zuzubereiten. Die Grundzutaten – Schokolade, Eier, Zucker und eventuell Sahne – sind fast immer dieselben. Wichtig ist allerdings, ein Gefühl für das richtige Mengenverhältnis zu bekommen.

Und wenn Sie den Bogen erst einmal raushaben, sollten Sie sich nicht davon abhalten lassen, die folgenden Rezepte nach Ihrem Gusto abzu-wandeln.

Moelleux au chocolat mit Möhren

10 g Butter für die Form, 300 g Möhren, 3 Kardamomkapseln (nach Belieben), 150 g Zartbitterschokolade, 5 Eier, 75 g brauner Vergeoisezucker (ersatzweise Muscovadozucker), 200 g gemahlene Mandeln, 407 g nicht zu feines Paniermehl, abgeriebene Schale von ½ unbehandelten Orange, 1 Prise Salz, 40 g Zucker

Den Backofen auf 180 °C vorheizen und eine Rundform (etwa 25 cm Ø) mit der Butter einfetten.
Die Möhren schälen und reiben.

Die Kardamomkapseln zerdrücken, bis sie aufspringen, und die Samen im Mörser oder mit einer Messerklinge zerstoßen.

Die Schokolade in Stücke brechen und bei sehr geringer Hitze oder im Wasserbad schmelzen. Sobald sie zu schmelzen beginnt, vorsichtig mit einem Spatel umrühren. Glatt rühren und den Topf vom Herd nehmen.

Die Eier trennen. Die Eigelbe in einer großen Schüssel mit dem Zucker schaumig schlagen und nacheinander die geschmolzene Schokolade, Möhren, Mandeln und Paniermehl unterrühren. Zum Schluss die Orangenschale und den Kardamom untermischen.

Die Eiweiße und das Salz mit dem Handmixer steif schlagen. Dabei auf niedrigster Stufe beginnen und die Geschwindigkeit allmählich erhöhen. Nach und nach den Zucker einrieseln lassen. Den Eischnee anschließend mit einem weichen Plastikteigschaber vorsichtig unter die Schokoladenmischung heben.

Die Mischung in die Form füllen und 1 Stunde backen.

Den Moelleux lauwarm mit Vanillesauce oder einer Karamellsauce mit Balsamico-Essig servieren.

Moelleux au chocolat mit Dulce de Leche

300 g Schokolade (70 % Kakaoanteil)

100 g Butter, in kleinen Stücken

5 Eier

1 Päckchen Vanillezucker

150 g Dulce de Leche (Fertigprodukt; im Internethandel)

1 EL Mehl

1 Msp. gemahlener Zimt

2 EL gemahlene Mandeln

Den Backofen auf 140 °C vorheizen.

Die Schokolade in Stücke brechen und bei sehr geringer Hitze oder im Wasserbad schmelzen. Sobald sie zu schmelzen beginnt, vorsichtig mit einem Spatel umrühren. Glatt rühren, die Butter unterrühren und den Topf vom Herd nehmen.

Die Eier trennen. Die Eigelbe mit dem Schneebesen kräftig mit dem Vanillezucker verrühren und mit der Milchkonfitüre unter die Schokolade mischen.

Die Eiweiße mit dem Handmixer steif schlagen. Dabei auf niedrigster Stufe beginnen und die Geschwindigkeit allmählich erhöhen. Den Eischnee anschließend mit einem weichen Plastikteigschaber vorsichtig unter die Schokoladenmischung heben. Zum Schluss Mehl, Zimt und Mandeln unterheben.

Die Mischung in eine Kastenform füllen, in ein Wasserbad stellen und 1 Stunde backen.

Aus dem Ofen nehmen und auf einem Kuchengitter auskühlen lassen.

Diesen klassischen Moelleux genießt man am besten pur.

Extraweicher Moelleux mit Orangenlikör

125 g Butter, in kleinen Stücken + 10 g für die Form

150 g Schokolade (70 % Kakaoanteil)

150 g Schokolade (50 % Kakaoanteil)

6 Eier

125 g Zucker

5 cl Orangenlikör

1 Prise Salz

Den Backofen auf 180 °C vorheizen.

Eine runde oder quadratische Backform (etwa 25 cm Ø) mit der Butter einfetten.

Die Schokolade in Stücke brechen und bei sehr geringer Hitze oder im Wasserbad schmelzen. Sobald sie zu schmelzen beginnt, vorsichtig mit einem Spatel umrühren. Glatt rühren, die Butter unterrühren und den Topf vom Herd nehmen.

Die Eier trennen. Die Eiweiße in einer Schüssel beiseitestellen. Die Eigelbe in einer großen Schüssel mit 75 g Zucker schaumig schlagen. Den Orangenlikör in einem feinen Strahl einlaufen lassen und dabei laufend weiterschlagen. Die Mischung anschließend unter die geschmolzene Schokolade ziehen.

Die Eiweiße und das Salz mit dem Handmixer steif schlagen. Dabei auf niedrigster Stufe beginnen, dann die Geschwindigkeit allmählich erhöhen und den restlichen Zucker einrieseln lassen. Den Eischnee anschließend mit einem weichen Plastikteigschaber vorsichtig unter die Schokoladenmischung heben.

Den Teig in eine Backform füllen und in den Backofen schieben. Die Temperatur auf 150 °C reduzieren und den Moelleux 50 Minuten backen.

Am Ende der Backzeit den Ofen ausschalten und den Kuchen bei leicht geöffneter Backofentür auf Zimmertemperatur abkühlen lassen.

Dieser Moelleux wird mit Vanillesauce serviert und mit dem Löffel gegessen. Nicht im Kühlschrank aufbewahren.

Moelleux au chocolat mit gerösteten Mandeln

200 g Butter, in kleinen Stücken + 10 g für die Form

150 g geschälte Mandeln

200 g Schokolade (mindestens 60 % Kakaoanteil)

5 Eier

170 g Zucker

½ TL gemahlener Zimt

1 Prise Salz

Den Backofen auf 180 °C vorheizen und den Rost auf der obersten Schiene einschieben.

Eine runde Backform (etwa 20 cm Ø) mit Butter einfetten.

Die Mandeln grob hacken und bei geringer Hitze in einer beschichteten Pfanne goldbraun rösten.

Die Schokolade in Stücke brechen und bei sehr geringer Hitze oder im Wasserbad schmelzen. Sobald sie zu schmelzen beginnt, vorsichtig mit einem Spatel umrühren. Glatt rühren, die Butter unterrühren und den Topf vom Herd nehmen.

Die Eier trennen. Die Eiweiße in einer Schüssel beiseitestellen. Die Eigelbe in einer großen Schüssel kräftig mit 1 EL Zucker und dem Zimt verrühren und anschließend unter die geschmolzene Schokolade rühren. Die Mandeln mit einem Spatel untermischen.

Die Eiweiße und das Salz mit dem Handmixer steif schlagen. Dabei auf niedrigster Stufe beginnen, dann die Geschwindigkeit allmählich erhöhen und den Zucker einrieseln lassen. Den Eischnee anschließend mit einem weichen Plastikteigschaber vorsichtig unter die Schokoladenmischung heben.

Die Mischung in die Form füllen und 30 Minuten backen.

Anstelle der Mandeln kann man auch Haselnusskerne nehmen.

Moelleux au chocolat mit Mandeln, Ingwer und Gewürzen

350 g Zartbitterschokolade

300 g Butter, in kleinen Stücken + 10 g für die Form

5 Eier + 3 Eigelb

150 g Zucker + 10 g für die Form

2 Päckchen Vanillezucker

1 EL Mehl

2 EL gemahlene Mandeln

1 Prise Salz

½ TL geriebene Tonkabohne (nach Belieben)

1 TL gemahlener Zimt

½ TL frisch geriebener Ingwer

1 Msp. geriebene Muskatnuss

Den Backofen auf 150 °C vorheizen.

Die Schokolade in Stücke brechen und bei sehr geringer Hitze oder im Wasserbad schmelzen. Sobald sie zu schmelzen beginnt, vorsichtig mit einem Spatel umrühren. Glatt rühren, die Butter unterrühren und den Topf vom Herd nehmen.

Die Eier trennen. Dabei 5 Eiweiße in eine große Schüssel geben. Eigelbe, Zucker und Vanillezucker mit dem Handmixer schaumig schlagen und mit Mehl und Mandeln unter die geschmolzene Schokolade rühren.

Eine Rundform (etwa 25 cm Ø) mit Butter einfetten und mit Zucker ausstreuen.

Die Eiweiße und das Salz mit dem Handmixer steif schlagen und den Eischnee anschließend mit einem weichen Plastikteigschaber vorsichtig unter die Schokoladenmischung heben.

Die Gewürze untermischen, den Teig in die Form füllen, auf ein Backblech stellen und 45 Minuten auf der mittleren Schiene des Backofens backen.

Versuchen Sie auf keinen Fall, den Kuchen
aus der Form zu stürzen, sondern servieren
Sie ihn lauwarm zum Löffeln aus der Form.

Mini-Moelleux

240 g Schokolade (55 % Kakaoanteil)

80 g weiche Butter

4 Eier, getrennt

170 g Zucker

30 g Mehl

30 g gemahlene Mandeln

60 g Mandelblättchen oder Pinienkerne

1 Prise Salz

Den Backofen auf 120 °C vorheizen.

Die Schokolade hacken oder raspeln. Die Butter mit dem Handmixer schaumig schlagen und nacheinander Eigelbe, Zucker, Schokolade, Mehl, die gemahlenen Mandeln und die Mandelblättchen unterrühren.

Die Eiweiße mit dem Salz steif schlagen und den Eischnee unter den Teig heben.

Den Teig auf 20 flache, runde Förmchen verteilen (die Oberfläche, die der Hitze ausgesetzt ist, sollte möglichst groß sein) und 45 Minuten backen.

Die Kuchen lauwarm servieren.

252 - Moelleux

Schneller Moelleux au chocolat mit Kaffee

200 g Schokolade (50 % Kakaoanteil)

120 g Butter

1 Tasse Kaffee (etwa 70 ml)

4 Eier

60 g Melasse

120 g Mehl

Die Schokolade mit Butter und Kaffee in ein mikrowellengeeignetes Gefäß geben und 1 ½ Minuten bei 500 Watt in der Mikrowelle erhitzen. Umrühren, nochmals 1 ½ Minuten bei 500 Watt erhitzen, umrühren und beiseitestellen.

Eier und Melasse kräftig mit dem Schneebesen verrühren. Nach und nach das Mehl und danach die geschmolzene Schokolade unterrühren. Den Teig in eine Silikon-Tarteform (etwa 25 cm Ø) füllen und 3 Minuten bei 500 Watt in der Mikrowelle backen.

3 Minuten ruhen lassen und nochmals 2 Minuten backen.

Den Kuchen lauwarm oder kalt servieren.

Einfacher Moelleux au chocolat mit Orange

200 g Butter, in kleinen Stücken + 10 g für die Form

200 g Schokolade mit Orangenschalenstückchen

200 g Schokolade (70 % Kakaoanteil)

150 g Zucker

3 große Eier

30 g Mehl

Den Backofen auf 180 °C vorheizen.

Eine Rundform (etwa 23 cm Ø) mit Butter einfetten.

Die Schokolade in Stücke brechen und bei sehr geringer Hitze oder im Wasserbad schmelzen. Sobald sie zu schmelzen beginnt, vorsichtig mit einem Spatel umrühren. Glatt rühren, die Butter unterrühren und den Topf vom Herd nehmen.

Nacheinander Zucker, Eier (jedes Ei einzeln) und Mehl unterrühren.

Den Teig in die Form füllen, in den Ofen stellen und die Temperatur sofort auf 150 °C herunterschalten. Den Kuchen 35 Minuten backen und danach auf einem Kuchengitter auskühlen lassen.

Mousses

Wie bei allen Klassikern scheiden sich auch bei der Mousse au Chocolat die Geister. Während sie für die einen locker und luftig sein muss, beharren die anderen darauf, sie müsse eher kompakt sein. Während die einen ihre Mousse vor dem Genuss standhaft drei Tage ruhen lassen, muss sie für die anderen im Handumdrehen auf dem Tisch stehen. Ganz zu schweigen von der Frage, ob sie nun mit Sahne oder mit Butter zubereitet werden muss. Ich verhalte mich da ganz diplomatisch, und deshalb ist in diesem Kapitel für jeden etwas dabei.

Und selbst an jene ist gedacht, für die Schokolade am besten gar keine Kalorien haben sollte – mit einer Wassermousse (ja, ja, Sie haben ganz richtig gelesen!).

Tipps für eine gelungene Mousse:

Verwenden Sie möglichst zwei verschiedene Schokoladen – eine Zartbitterschokolade mit etwa 70% und eine Back-schokolade mit etwa 50% Kakaoanteil –, damit die Mousse einen ausgewogenen Geschmack bekommt. Ist die Schokolade zu bitter, wird die Mousse trocken und Sie müssen viel Zucker hinzufügen. Ist sie zu süß, kommt der Kakaogeschmack nicht zur Geltung und die Mousse wird zu fett.

1) Verwenden Sie gute Butter, denn wie gut Ihre Mousse gelingt, hängt ganz entscheidend von Geschmack und Kon-sistenz der Butter ab.

2) Die Butter nicht mit der Schokolade schmelzen, sondern mit einer Gabel zerdrücken und weich kneten. So bleibt der sahnige Geschmack erhalten.

3) Die Eier müssen ganz frisch sein, weil sie roh verarbei-tet werden. Eiweiße erst unmittelbar vor dem Unterheben steif schlagen, denn Eischnee fällt sehr rasch zusammen.

4) Zunächst nur ein Drittel des Eischnees unterheben und danach vorsichtig den Rest unterziehen.

5) Die Mousse sofort in eine Servierschüssel füllen, denn sie kann nicht gestürzt werden (ich weiß, der Hinweis ist eigentlich überflüssig, doch es gibt immer wieder Leute, die es dennoch versuchen).

6) Auch wenn man nur schwer widerstehen kann: Am besten schmecken Mousses, wenn man sie mindestens eine Nacht ruhen lässt.

7) Mousses, die Eier enthalten, nicht länger als 48 Stunden im Kühlschrank aufbewahren.

Klassische Mousse au Chocolat

400 g Schokolade (mindestens 70 % Kakaoanteil)

100 g Butter, in kleinen Stücken

10 Eiweiß

100 g Zucker

Die Schokolade in Stücke brechen und bei sehr geringer Hitze oder im Wasserbad schmelzen. Sobald sie zu schmelzen beginnt, vorsichtig mit einem Spatel umrühren. Glatt rühren, die Butter unterrühren und den Topf vom Herd nehmen.

Die Eiweiße in einer großen Schüssel mit dem Handmixer steif schlagen. Sobald der Eischnee fest zu werden beginnt, den Zucker einrieseln lassen und so lange weiterschlagen, bis die Rührbesen beim Herausziehen eine Spur im Eischnee hinterlassen.

Mit einem weichen Plastikteigschaber etwas Eischnee unter die Schokoladenbutter heben, um sie aufzulockern. Anschließend vorsichtig den restlichen Eischnee unterziehen.

Die Mousse in eine Servierschüssel oder Portionsschalen füllen und mindestens 2 Stunden im Kühlschrank ruhen lassen.

Mousse au Chocolat mit Kaffee und Walnüssen

30 g Walnusskerne

200 g Schokolade (70 % Kakaoanteil)

100 g Butter, in kleinen Stücken

50 ml starker Kaffee, frisch gebrüht

3 EL Walnussöl

4 Eier

1 EL Zucker

1 Prise Salz

Die Walnusskerne hacken.

Die Schokolade in kleine Stücke brechen und mit Butter in eine mittelgroße Schüssel geben.

Den kochend heißen Kaffee darübergießen und Schokolade und Butter unter Rühren schmelzen lassen. Anschließend das Öl unterrühren.

Die Eier trennen. Die Eigelbe mit dem Zucker schaumig schlagen und mit den Walnusskernen unter die Schokoladenmischung rühren.

Die Eiweiße und das Salz mit dem Handmixer steif schlagen und den Eischnee mit einem weichen Plastikteigschaber vorsichtig unter die Schokoladenmischung heben.

Die Mousse mit Frischhaltefolie abdecken und mindestens 24 Stunden im Kühlschrank ruhen lassen.

Helle Mousse au Chocolat mit Maracuja

100 g Sahne

150 g Vollmilchschokolade + 50 g Zartbitterschokolade

40 g Butter in kleinen Stücken

2 Eier

3 Maracujas (150 g Fruchtfleisch)

2 Päckchen Vanillezucker

Die Sahne in eine kleine Schüssel gießen und 15 Minuten ins Gefrierfach stellen.

In der Zwischenzeit die Schokolade in Stücke brechen und bei sehr geringer Hitze oder im Wasserbad schmelzen. Sobald sie zu schmelzen beginnt, vorsichtig mit einem Spatel umrühren. Glatt rühren, die Butter unterrühren und den Topf vom Herd nehmen.

Die Eier trennen und die Eigelbe unter die Schokolade rühren.

Die Maracujas halbieren und das Fruchtfleisch herauslösen.

Die Schüssel aus dem Gefrierfach nehmen und die Sahne mit dem Handmixer fast steif schlagen. Den Vanillezucker einrieseln lassen und die Sahne fertig schlagen (nicht zu lange schlagen, damit sie nicht zu Butter wird).

Die Sahne mit einem weichen Plastikteigschaber vorsichtig unter die Schokoladenmischung heben und vorsichtig das Maracujafruchtfleisch unterziehen.

Die Eiweiße mit dem Handmixer steif schlagen (dabei auf niedrigster Stufe beginnen und die Geschwindigkeit allmählich erhöhen) und den Eischnee vorsichtig unter die Schokoladenmischung heben. Dabei von der Mitte zum Rand rühren und die Schüssel drehen.

Die Mousse mit Frischhaltefolie abdecken und mindestens 3 Stunden im Kühlschrank ruhen lassen.

Die helle Schokoladenmousse
eignet sich hervorragend als
Füllung für eine Charlotte
mit in Rum getränkten Löffelbiskuits.

Extraleichte Mousse au Chocolat mit Minze

200 ml Mineralwasser

1 Zweig frische Minze

250 g Zartbitterschokolade (55 % Kakaoanteil)

Das Mineralwasser aufkochen lassen.

Inzwischen die Minzeblätter abzupfen und unter fließendem kaltem Wasser waschen.

Sobald das Mineralwasser kocht, den Topf vom Herd nehmen, die Minze hinein-geben, den Deckel auflegen, 5–10 Minuten ziehen lassen und danach abseihen.

Die Schokolade in Stücke brechen, in eine hitzebeständige Schüssel geben, mit dem heißen Pfefferminztee übergießen und über einem Wasserbad (die Schüssel dazu auf einen Topf mit siedendem Wasser stellen) schmelzen lassen.

Sobald die Schokolade geschmolzen ist, den Boden der Schüssel in eine größere mit Wasser und Eiswürfeln gefüllte Schüssel tauchen.

Die Schokolade mindestens 5 Minuten mit dem Handmixer wie Schlagsahne schlagen.

Die Mousse innerhalb der nächsten Stunde servieren.

Schalten Sie während des Schlagens den Handmixer nicht aus, sonst wird die Schokolade hart, und stellen Sie die Mousse keinesfalls in den Kühlschrank.

Statt des Pfefferminztees kann man auch Orangensaft oder schwarzen Tee nehmen.

Toblerone-Mousse

200 g Schokolade (70 % Kakaoanteil)

200 g Toblerone

100 g Butter, in kleinen Stücken

5 Eier + 1 Eiweiß

100 g Zucker

Schokolade und Toblerone in Stücke brechen und bei sehr geringer Hitze oder im Wasserbad schmelzen. Sobald sie zu schmelzen beginnen, vorsichtig mit einem Spatel umrühren. Glatt rühren, die Butter unterrühren und den Topf vom Herd nehmen.

Die Eier trennen und die 5 Eigelbe mit der Schokoladenmischung verrühren.

Die 6 Eiweiße mit dem Handmixer steif schlagen. Sobald der Eischnee fest zu werden beginnt, den Zucker einrieseln lassen und so lange weiterschlagen, bis die Rührbesen beim Herausziehen eine Spur im Eischnee hinterlassen.

Mit einem weichen Plastikteigschaber etwas Eischnee unter die Schokoladenbutter heben, um sie aufzulockern. Anschließend vorsichtig den restlichen Eischnee unterziehen.

Die Mousse mit Frischhaltefolie abdecken und mindestens 12 Stunden im Kühlschrank ruhen lassen.

Schoko-Maronen-Mousse

250 g Sahne

200 g Schokolade (70 % Kakaoanteil)

200 g Maronencreme

3 EL Cognac

1 EL Kakaopulver

1 Baiser

4 Eiweiß

1 EL Zucker

Die Sahne in eine Schüssel gießen und 15 Minuten ins Gefrierfach stellen.

Die Schokolade in Stücke brechen und bei sehr geringer Hitze oder im Wasserbad schmelzen. Sobald sie zu schmelzen beginnt, vorsichtig mit einem Spatel umrühren. Glatt rühren und den Topf vom Herd nehmen.

In einer großen Schüssel die Maronencreme sorgfältig mit Cognac, Kakao und der geschmolzenen Schokolade verrühren.

Das Baiser zerkrümeln.

Die Sahne aus dem Gefrierfach nehmen und mit dem Handmixer zu Schlagsahne schlagen (nicht zu lange schlagen, damit sie nicht zu Butter wird).

Die Eiweiße mit dem Handmixer steif schlagen. Dabei auf niedrigster Stufe beginnen, dann die Geschwindigkeit allmählich erhöhen und den Zucker einrieseln lassen. Noch 30 Sekunden weiterschlagen und den Eischnee anschließend mit einem weichen Plastikteigschaber vorsichtig unter die Schokoladenmischung heben. Zum Schluss die Sahne vorsichtig unterziehen.

Eine Schüssel innen mit Wasser befeuchten und mit Frischhaltefolie ausschlagen. Ein Drittel der Mousse einfüllen und mit der Hälfte der Baiserkrümel bestreuen. Die Hälfte der restlichen Mousse darauf verteilen und mit den restlichen Baiserkrümeln bestreuen. Die restliche Mousse darauf verteilen und mit einer Palette glatt streichen.

Die Schüssel mehrmals auf der Arbeitsfläche aufstoßen, damit sich die Mousse setzt, mit Frischhaltefolie abdecken und mindestens 24 Stunden in den Kühlschrank stellen.

Muffins

Muffins, die kleinen Kuchen, die man in England und Amerika so liebt, gehören zu den Speisen, die ich als Allheilmittel bezeichne. Sie haben Liebeskummer, Ärger am Arbeitsplatz, die Kinder trampeln auf Ihren Nerven herum? Wie wäre es da mit Muffins? Und in einer Stunde sind alle Sorgen verflogen. Schließlich ist es Ihr gutes Recht, ja sogar Ihre Pflicht, etwas dagegen zu unternehmen. Da spielt es keine Rolle, ob jemand da ist, mit dem Sie die Muffins teilen könnten, und den Muffins ist das sowieso egal. Und dann haben sie ja auch noch den enormen Vorzug, dass man bei ihnen kaum etwas falsch machen kann, weil sie so einfach herzustellen sind.

Ein paar kleine Tipps, mit denen Ihre Muffins immer gelingen werden:

1) Klümpchen im Teig sind kein Beinbruch. Versuchen Sie also erst gar nicht, den Teig um jeden Preis glatt zu bekommen.

2) Die Formen nur zu zwei Drittel füllen, denn der Teig geht beim Backen auf.

3) Backtemperatur und Backzeit sollten jeweils der Größe der Formen angepasst werden.

4) Muffins schmecken am besten, wenn man sie lauwarm genießt.

5) Muffinteig kann auch im Voraus hergestellt und 3–4 Tage im Kühlschrank aufbewahrt werden.

Schokoladenmuffins

60 g Schokolade (50 % Kakaoanteil)

300 g Mehl

40 g Kakaopulver

1 Päckchen Backpulver

½ TL Backnatron

½ TL Salz

230 ml Milch

200 g Zucker

130 ml Sonnenblumenöl

2 Eier

2 TL flüssiger Vanilleextrakt

Den Backofen auf 180 °C vorheizen.

Die Schokolade in Stücke brechen und in einem kleinen Topf bei sehr geringer Hitze (oder im Wasserbad) schmelzen. Anschließend vom Herd nehmen und abkühlen lassen.

In einer mittelgroßen Schüssel das Mehl mit Kakaopulver, Backpulver, Backnatron und Salz mischen. Das Kakaopulver vorher eventuell sieben.

Milch, Zucker, Öl, Eier und Vanille in eine zweite Schüssel geben und mit dem Handmixer schaumig schlagen.

Eine Mulde in die Mehlmischung drücken, die Milchmischung hineingießen und das Ganze kurz mit einem Spatel vermengen.

Anschließend die erkaltete geschmolzene Schokolade unterrühren.

Die Mischung etwa 20 Sekunden mit dem Handmixer auf niedriger Stufe glatt rühren und den Teig auf die Mulden einer Muffinform verteilen.

Die Muffins 15 Minuten backen (sie sind fertig, wenn der Teig auf Druck etwas nachgibt), 10 Minuten abkühlen lassen und danach aus der Form nehmen.

Muffins mit weißer Schokolade und Himbeeren

10 g Butter für die Formen

270 g Mehl

2 TL Backpulver

1 Prise Salz

175 g Zucker

250 g Crème double

2 Eier

1 TL Vanilleextrakt

80 ml Öl

150 g Himbeeren (frisch oder tiefgekühlt und aufgetaut)

110 g weiße Schokolade, in kleine Stücke gehackt

Den Backofen auf 180 °C vorheizen.

Die Mulden einer Muffinform oder 8 kleine Backformen mit der Butter einfetten.

Das Mehl mit Backpulver und Salz in eine Schüssel sieben und mit dem Zucker mischen. In einer zweiten Schüssel Crème double, Eier, Vanille und Öl kräftig mit dem Schneebesen verrühren, bis die Mischung glatt ist.

Die Eiermischung mit der Mehlmischung zu einem homogenen Teig verrühren. Den Teig nicht zu lange und zu kräftig durcharbeiten, damit die Muffins schön locker werden.

Zum Schluss die Himbeeren und die gehackte Schokolade kurz untermischen.

Die Muffinformen zu zwei Drittel mit Teig füllen und die Muffins etwa 12 Minuten backen. Mit einer Nadel hineinstechen, um zu prüfen, ob sie durchgebacken sind (die Nadel muss sauber bleiben).

Schnelle Schoko-Bananen-Muffins für zwei

30 g Schokolade (60 % Kakaoanteil)

25 g Butter

20 g Mehl

1 Msp. Backpulver

1 großes Ei

1 Prise Salz

1 Päckchen Vanillinzucker

½ reife Banane, zerdrückt

Die Schokolade in Stücke brechen und mit der Butter 2 Minuten in der Mikrowelle schmelzen. Umrühren und nacheinander das Mehl mit dem Backpulver, das Ei, Salz, Vanillezucker und die Banane unterrühren.

Den Teig in zwei feuerfeste Förmchen füllen und 1 ½ Minuten bei 750 Watt in der Mikrowelle backen, etwas abkühlen lassen und aus den Förmchen nehmen.

Mit einer Schokoladen-Ganache überziehen und servieren.

Den Teig können Sie noch mit 1 Messerspitze gemahlenem Zimt oder Ingwer verfeinern.

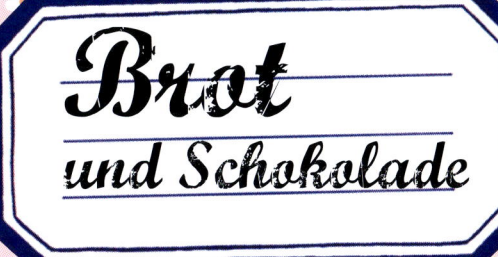

Brot
und Schokolade

Ein Schokoladenriegel auf einer Scheibe Baguette, eingewickelt in Alufolie, den mir meine Mutter in die Schultasche steckte – so bin ich vielleicht das erste Mal mit Schokolade in Berührung gekommen. Ich erinnere mich noch gut an den angenehmen Kontrast zwischen der knusprigen Kruste, der lockeren, weichen Krume, der Frische der Butter und der zartschmelzenden Schokolade, aber auch daran, wie sich der säuerliche Weizengeschmack und die Frische der Hefe auf wunderbare Weise mit dem etwas herben Kakaogeschmack verbanden.

Eine Mischung, die ich bis heute nicht vergessen habe. Sie ist auch der Grund dafür, dass ich Brot und Schokolade so gerne miteinander kombiniere. Brot und Schokolade beziehungsweise Pane e cioccolata heißt übrigens auch ein italienischer Spielfilm mit Nino Manfredi und Anna Karina. Es ist einer meiner Lieblingsfilme, und er kam im Jahr meiner Geburt in die Kinos. Wenn das kein gutes Omen ist ...

Warmes Baguette mit Kakaobutter

1/3 Baguette

1 großer Löffel Instant-Kakaopulver

10 g gesalzene Butter

Die Kruste des Baguettes auf einer Seite in einem Stück abschneiden.

Die Krume mit einem Messer mit langer, dünner Klinge herauslösen.

Kakaopulver und Butter zu einer Paste vermengen und die Innenseite des ausgehöhlten Baguettes damit bestreichen.

Die Krume im Toaster rösten, wieder in die Kruste füllen und das Baguette sofort genießen.

Was dieses Brot zu etwas Besonderem macht, das sind die Kontraste. Damit es so richtig gut schmeckt, muss das Baguette ganz frisch und knusprig und die Butter sehr kalt sein. Die Krume erst ganz zum Schluss rösten. Dieser köstliche Nachmittagsimbiss ist eine Erfindung der Großmutter einer Freundin, vor deren Augen heute kein Schokoladenbrot mehr Gnade findet. Das ist der einzige Fehler der Großmütter: Sie setzen ziemlich hohe Maßstäbe.

Vollkornbrot mit Lemon Curd und Schokoraspeln

4 große Scheiben Vollkornbrot

1 TL gemahlener Ingwer

4 EL Lemon Curd

4 EL geraspelte Schokolade (70 % Kakaoanteil)

Das Brot im Toaster rösten.

Inzwischen Ingwer und Lemon Curd verrühren.

Die Brote damit bestreichen, mit den Schokoladenraspeln bestreuen – und genießen.

Schokoladensandwich

2 Eier

2 EL Milch

1 Tafel Schokolade (à 100 g) mit 70 % Kakaoanteil
(nach Möglichkeit mit Kakaobohnensplittern)

4 Scheiben Hefebrot vom Vortag

25 g Butter

1 EL Puderzucker

In einer großen Schüssel die Eier kräftig mit der Milch verrühren.

Die Schokoladentafel halbieren und 2 Brotscheiben so damit belegen, dass die Schokolade nicht übersteht. Die beiden restlichen Scheiben darauflegen und mit der Handfläche leicht andrücken.

Die Butter bei mittlerer Hitze in einer großen Pfanne erhitzen.

Die Sandwichs durch die verquirlten Eier ziehen und auf jeder Seite 2–3 Minuten backen.

Die Sandwichs auf Küchenpapier abtropfen lassen und halbieren.

Mit Puderzucker bestäuben und sehr heiß, eventuell mit Vanilleeis, servieren.

Mini-Pains au Chocolat

Öl zum Einfetten

1 Rolle backfertiger Blätterteig

6 Schokoladenrippen (55–70 % Kakaoanteil)

1 Eigelb

Den Backofen auf 160 °C vorheizen.

Ein Backblech (das Blech sollte in Ihren Kühlschrank passen) mit Backpapier auslegen und das Papier leicht mit Öl einfetten.

Den Blätterteig entrollen und am Rand etwa 3,5 Zentimeter Teig abschneiden, sodass ein Quadrat entsteht. Das Quadrat in 3 gleich große Streifen schneiden.

Die Schokoladenrippen halbieren. Die Teigstreifen ebenfalls halbieren, sodass 6 Rechtecke entstehen. An ein Ende jedes Rechtecks der Länge nach jeweils ½ Schokoladenrippe legen und den Teig darüberschlagen. Eine weitere halbe Rippe darauflegen und den Teig erneut darüberschlagen. Noch einmal rollen, bis ein rechteckiges Päckchen entstanden ist. Den Teig an den Rändern gut zusammendrücken und mit den restlichen 5 Rechtecken ebenso verfahren. Die Brötchen auf das Blech legen und mindestens 10 Minuten im Kühlschrank ruhen lassen.

Anschließend die Brötchen mit dem Eigelb bepinseln, 25 Minuten backen und lauwarm servieren.

Man lässt die Pains au Chocolat vor dem Backen einige Zeit im Kühlschrank ruhen, weil der Teig durch den Kälteschock besser aufgeht.

Industriell hergestellter Blätterteig enthält sehr viel weniger
Butter als ein Blätterteig vom Bäcker. Deshalb erinnern diese
Pains au Chocolat in der Regel eher an Hefebrötchen. Das hat
allerdings auch den Vorteil, dass die Finger beim Essen nicht so
fettig werden – und für die Linie ist es auch gut.

Tartes

Tartes mit Früchten haben mich noch nie besonders gereizt. Mir ist der Teig zu dick und zu trocken, das Obst zu süß und die Creme zu dick. Mit einem Wort: Diese Tartes sind mir nicht fein genug.

Umso mehr liebe ich die Schokoladenversion. Das mag – abgesehen von der Schokolade – an der sauberen Form der Stücke und der glänzenden Oberfläche liegen. Jedenfalls hat sie mich zu den unterschiedlichsten Variationen angeregt.

Sollten Sie bei einem besonderen Anlass einmal so richtig Eindruck machen wollen, wagen Sie sich an die Tarte »Too Much« heran.

Die Zubereitung ist zwar zeitraubend, aber ganz einfach. Sie müssen sich allerdings darauf gefasst machen, dass Ihre Gäste Ihnen Vorwürfe machen werden, weil sie einem zweiten Stück nicht widerstehen konnten.

Beim Teig haben Sie die Wahl: Sie können einen backfertigen Teig kaufen, Sie können Ihren Teig selbst machen oder Sie nehmen eine Mischung aus gemahlenen Keksen und Butter. Sie werden begeistert sein, wie fein und knusprig diese Böden werden. Manchmal entdeckt man eben die tollsten Sachen, wenn's schnell gehen soll.

Ein paar kleine Tipps, mit denen Ihre Tarte garantiert immer gelingt:

1) Bereiten Sie gleich mehr Teig zu, als Sie benötigen, und frieren Sie den Rest ein. So können Sie bei der nächsten Tarte Zeit sparen.

2) Den fertigen Teig in Frischhaltefolie einschlagen und mindestens 3 Stunden, am besten sogar über Nacht, im Kühlschrank ruhen lassen.

3) Selbst gemachten Teig am besten in einer Form mit herausnehmbarem Boden backen, weil er krümeliger wird.

4) Den Teig, egal ob selbst gemacht oder fertig gekauft, nach dem Ausrollen 30 Minuten kalt stellen. Er wird dann knuspriger.

5) Damit der Teig gleichmäßig bäckt, darf die Backofentemperatur 180 °C (Umluft 160 °C) nicht übersteigen.

6) Den Teig nach dem Backen erst auskühlen lassen, bevor Sie ihn belegen. Ansonsten weicht er durch. Die Ganache muss dagegen warm aufgetragen werden, damit sie sich beim Aufschneiden der Tarte nicht vom Boden löst.

7) Die fertige Tarte vor dem Servieren nochmals 2 Stunden kalt stellen und 15 Minuten vorher aus dem Kühlschrank nehmen.

8) Wer es besonders »schokoladig« mag, kann die Tarte noch mit einer dunklen Schokoladenglasur (aus 200 g Schokolade und 50 ml Öl) überziehen als geschmacklichen Kontrast. Danach muss sie noch einmal für 10 Minuten in den Kühlschrank.

Tarte mit flüssiger Schokoladencreme

FÜR DEN TEIG

300 g Spekulatius
1 TL gemahlener Ingwer
1 Prise Salz
75 g Butter, zerlassen

FÜR DIE GANACHE

100 g Schokolade (70 % Kakaoanteil)
200 g Schokolade (55 % Kakaoanteil)
220 g Butter, in kleinen Stücken
3 Eier
3 Eigelb
40 g Zucker
2 Päckchen Vanillezucker

Den Backofen auf 200 °C vorheizen.

Den Teig herstellen
Den Spekulatius in der Küchenmaschine mahlen, in eine große Schüssel füllen, mit Ingwer und Salz mischen und mit einer Gabel mit der zerlassenen Butter verkneten.

Boden und Wände einer Tarteform mit herausnehmbarem Boden mit dem Teig auskleiden und den Teig dabei gut andrücken. Die Form anschließend mindestens 30 Minuten ins Gefrierfach stellen.

Die Ganache zubereiten
Beide Schokoladen in kleine Stücke brechen und bei sehr geringer Hitze oder im Wasserbad schmelzen. Sobald die Schokolade zu schmelzen beginnt, vorsichtig mit einem Spatel umrühren. Glatt rühren, die Butter unterrühren und den Topf vom Herd nehmen.

Eier, Eigelbe, Zucker und Vanillezucker kräftig mit dem Schneebesen verrühren.

Die Backform aus dem Gefrierfach nehmen. Die Schokoladenbutter mit einem Spatel mit der Eiermischung vermengen und auf dem tiefgefrorenen Boden verstreichen.

Die Tarte 5 Minuten backen und danach mindestens 2 Stunden (oder über Nacht) bei Zimmertemperatur ruhen lassen.

Achtung: Diese Tarte niemals im Kühlschrank aufbewahren!

Tarte »Too Much«

100 g Butter + 30 g für den Karamell + 10 g für die Form

250 g Spekulatius oder Sandgebäck

150 g Nüsse (z. B. Walnuss-, Pistazienkerne, Mandelblättchen, Pinienkerne oder eine Mischung aus verschiedenen Nüssen), grob gehackt

100 g Schokolade (70 % Kakaoanteil)

200 g Zucker

200 g + 2 große EL Sahne

1 Prise Salz

150 g Vollmilchschokolade

Den Backofen auf 180 °C vorheizen.

Eine Springform (etwa 26 cm Ø) mit Butter einfetten.

100 g Butter bei geringer Hitze in einem kleinen Topf zerlassen.

Die Kekse in der Küchenmaschine mahlen, die Butter hinzufügen und das Ganze zu einem dicken Teig ver- rühren.

Den Teig in der Form verteilen (und dabei auch ein gutes Stück an den Wänden hochziehen) und 7 Minu- ten backen.

Aus dem Ofen nehmen und auf einem Kuchengitter vollständig auskühlen lassen.

Ein Backblech mit Alufolie auslegen, die Nüsse darauf verteilen und 10–15 Minuten im Backofen rösten. Die Nüsse dabei gelegentlich wenden.

Die Schokolade in Stücke brechen und bei sehr geringer Hitze in einem Topf oder im Wasserbad schmelzen. Sobald sie zu schmelzen beginnt, vorsichtig mit einem Spatel umrühren. Glatt rühren und in einer dünnen Schicht auf dem Tarteboden verstreichen.

Varianten: Noch ½ Teelöffel gemahlenen Zimt unter die Vollmilchschokolade rühren oder ½ Teelöffel gemahlenen Ingwer unter den gemahlenen Spekulatius mischen.

Die Nüsse darauf verteilen und leicht andrücken. Die Tarte anschließend im Kühlschrank ruhen lassen.

In einem Topf mit dickem Boden (möglichst aus Kupfer, da sich die Wärme darin gleichmäßiger verteilt) den Zucker mit 2 Esslöffeln Wasser erhitzen, bis ein heller Karamell entstanden ist. Dabei nicht umrühren.

Sobald der Karamell eine schöne goldgelbe Farbe angenommen hat, den Topf vom Herd nehmen, 200 g Sahne und danach 30 g Butter unterrühren. Eine Prise Salz hinzufügen und kurz aufkochen lassen. Anschließend vom Herd nehmen, etwas abkühlen lassen und den lauwarmen Karamell auf die Nüsse gießen.

Die Tarte mindestens 5 Stunden im Kühlschrank ruhen lassen.

Die Tarte 15 Minuten vor dem Servieren aus dem Kühlschrank nehmen.

Die Vollmilchschokolade mit 2 Esslöffeln Sahne und 1 Esslöffel Wasser bei geringer Hitze unter Rühren in einem Topf schmelzen lassen.

Etwas abkühlen lassen und auf den Karamell gießen, sodass dieser vollständig damit bedeckt ist.

Die Tarte bis zum Servieren bei Zimmertemperatur ruhen lassen.

Feurige Schoko-Himbeer-Tarte

15 g Butter für die Form

1 Portion Mürbeteig (Fertigprodukt)

200 g Zartbitterschokolade

250 g Sahne

½ TL Piment d'Espelette (ersatzweise Cayennepfeffer)

300 g Himbeeren

1 EL Puderzucker

Den Backofen auf 180 °C vorheizen.

Eine Tarteform mit herausnehmbarem Boden mit der Butter einfetten. Den Teig entrollen und die Form damit auskleiden. Mit Backpapier abdecken, mit einer etwas kleineren Backform oder getrockneten Hülsenfrüchten beschweren und 15–20 Minuten blindbacken, bis der Teig am Rand etwas Farbe angenommen hat.

Die Schokolade fein hacken. Die Sahne mit dem Piment d'Espelette oder Cayennepfeffer aufkochen, den Topf vom Herd nehmen und die Schokolade unter Rühren darin schmelzen.

Den Tarteboden aus dem Ofen nehmen und 5 Minuten auf einem Kuchengitter abkühlen lassen.

Die Schokoladencreme auf dem Boden verstreichen, mit einer Palette glatt streichen und die Himbeeren darauf verteilen.

Die Tarte 30 Minuten bei Zimmertemperatur ruhen lassen und danach in den Kühlschrank stellen.

Die Tarte unmittelbar vor dem Servieren mit dem Puderzucker bestäuben.

Den Piment d'Espelette können Sie durch 1 Esslöffel Lavendelblüten ersetzen. Dazu den Lavendel in der Sahne ziehen lassen und die Sahne anschließend durch ein Sieb abseihen.

Klassische Cassata

FÜR DEN TARTEBODEN

75 g Butter

200 g einfache Schokoladenkekse

FÜR DIE CREME

100 g Sahne

500 g Ricotta

100 g Puderzucker

1 TL Vanilleextrakt

2 EL Kakaolikör (ersatzweise 1 EL Orangenlikör)

25 g kandierte Orangenschalen

100 g Zartbitterschokolade
(nach Möglichkeit mit Kakaobohnensplittern)

Die Sahne in eine große Schüssel gießen und 15 Minuten ins Gefrierfach stellen.

Die Butter zerlassen und die Kekse in der Küchenmaschine mahlen. Beides zu einem Teig vermengen und den Boden einer Tarteform mit herausnehmbarem Boden damit auskleiden. Den Tarteboden während der Zubereitung der Creme im Gefrierfach kalt stellen.

Für die Creme Ricotta, Puderzucker, Vanille und Likör mit dem Schneebesen verrühren.

Die Orangenschale sehr fein würfeln und die Schokolade sehr fein hacken.

Die Orangenschalen und die Hälfte der Schokolade unter die Creme mischen.

Die Sahne aus dem Gefrierfach nehmen und mit dem Handmixer zu Schlagsahne schlagen (nicht zu lange schlagen, damit sie nicht zu Butter wird) und mit einem weichen Plastikteigschaber vorsichtig unter die Creme heben.

Die Creme auf dem Tarteboden verstreichen, die Tarte mit Frischhaltefolie abdecken und 5–12 Stunden (nicht länger) im Kühlschrank ruhen lassen.

Vor dem Servieren auf eine Servierplatte stellen, den Ring abnehmen und die Tarte mit der restlichen Schokolade bestreuen.

Schlagsahne gelingt garantiert, wenn man auch die Rührbesen mit ins Gefrierfach legt.

Zur Herstellung von Kakaolikör (25 Vol.-%) werden Kakaobohnen in gezuckerten Alkohol eingelegt. Kakaolikör zeichnet sich durch ein intensives Kakaoaroma und eine leicht bittere Note aus.

Schokoladentarte mit Zimt

10 g Butter für die Form

1 Rolle backfertiger Mürbeteig

40 g gemahlene Mandeln

300 g Sahne

1 Zimtstange

250 g Schokolade (50–60 % Kakaoanteil)

1 Päckchen Vanillezucker

1 Ei

30 g Kokosraspel

Den Backofen auf 160 °C vorheizen.

Eine Tarteform mit der Butter einfetten.

Den Teig auf der Arbeitsfläche entrollen, mit der Hälfte der gemahlenen Mandeln bestreuen und leicht mit dem Nudelholz darüberfahren, um die Mandeln etwas in den Teig zu drücken.

Mit den restlichen Mandeln die Form ausstreuen. Die Form mit dem Teig auskleiden, den Boden mehrfach mit einer Gabel einstechen und 25 Minuten backen, bis er leicht gebräunt ist.

In der Zwischenzeit die Sahne mit der halbierten Zimtstange aufkochen, vom Herd nehmen und Schokolade und Zucker darin schmelzen lassen. Die Zimstange herausnehmen und die Mischung mit dem Schneebesen umrühren.

Den Boden aus dem Ofen nehmen. Die Backofentür sofort wieder schließen und den Backofen ausschalten.

Das Ei unter die Creme rühren, die Creme auf dem Tarteboden verteilen und die Tarte nochmals 30 Minuten in den noch warmen Backofen stellen.

Die Tarte in den Kühlschrank stellen und vor dem Servieren mit den Kokosraspeln bestreuen.

Den Zimt können Sie durch 2 Stück Sternanis ersetzen.

Tarte mit Schokoladencreme, Banane und Maracuja

FÜR DEN SCHOKOLADENTEIG
150 G MEHL
100 G FARINZUCKER
2 EL KAKAOPULVER
60 G GEMAHLENE MANDELN
80 G WEICHE BUTTER + 10 G FÜR DIE FORM
1 KLEINES EI
1 PRISE SALZ

FÜR DIE CREME
2 REIFE BANANEN
200 G VOLLMILCHSCHOKOLADE
150 G SAHNE
6 MARACUJAS

In einer mittelgroßen Schüssel das Mehl mit Zucker, Kakao und den gemahlenen Mandeln mischen. Mit der weichen Butter verkneten, Ei und Salz hinzufügen, den Teig zu einer Kugel formen, in Frischhaltefolie einschlagen und 30 Minuten im Kühlschrank ruhen lassen.

Den Backofen auf 200 °C vorheizen.

Eine große Springform mit Butter einfetten.

Den Teig aus dem Kühlschrank nehmen und zu einem Kreis – etwas größer als die Form – ausrollen. In die Form legen (der Teig sollte etwas über den Rand der Form hängen) und mehrfach mit einer Gabel einstechen. Auf den Backofenrost stellen und 25 Minuten backen.

Anschließend aus dem Ofen nehmen. Die Bananen mit einer Gabel zerdrücken und das Püree auf dem heißen Boden verstreichen.

Die Schokolade in Stücke brechen. Die Sahne aufkochen, die Schokolade darin schmelzen lassen, umrühren und über die Bananen gießen.

Die Tarte 3 Stunden in den Kühlschrank oder 1 Stunde ins Gefrierfach stellen.

Die Maracujas halbieren, das Fruchtfleisch herauslösen und auf der Tarte verteilen.

Die Tarte wieder in den Kühlschrank stellen und 30 Minuten vor dem Servieren herausnehmen.

Tarte mit Schokoladen-Mandel-Creme

FÜR DEN TARTEBODEN
50 G ZARTBITTERSCHOKOLADE
225 G AMARETTI
80 G BUTTER

FÜR DIE CREME
150 G ZARTBITTERSCHOKOLADE
100 G MARZIPANROHMASSE
50 G ZUCKER
10 CL AMARETTO
200 G FRISCHKÄSE
250 G CRÈME DOUBLE
3 EIER

Den Backofen auf 160 °C vorheizen.

Für den Tarteboden die Schokolade mit dem Messer hacken. Die Amaretti in der Küchenmaschine fein zerkleinern und in einer Schüssel mit der zerlassenen Butter und der Schokolade vermengen. Boden und Wände einer kleinen Springform damit auskleiden und die Form ins Gefrierfach stellen.

Für die Creme die Schokolade in Stücke brechen und bei sehr geringer Hitze in einem Topf oder im Wasserbad schmelzen. Sobald sie zu schmelzen beginnt, vorsichtig mit einem Spatel umrühren.

Marzipanrohmasse, Zucker und Amaretto mit dem Handmixer verrühren. Nacheinander Frischkäse, Crème double und Schokolade untermischen und zum Schluss die Eier einzeln unterrühren. Dabei auf niedriger Stufe rühren, um nicht zu viel Luft in die Creme zu schlagen.

Den Tarteboden aus dem Gefrierfach nehmen, die Creme darauf verstreichen und die Tarte 45 Minuten backen.

Die Tarte danach 15 Minuten im ausgeschalteten Backofen ruhen lassen.

Sobald sie auf Zimmertemperatur abgekühlt ist, mit Frischhaltefolie abdecken und in den Kühlschrank stellen. Die vollständig ausgekühlte Tarte aus der Form nehmen.

Käsekuchen mit Schokolade und Karamell

250 g Schokoladensandplätzchen

170 g Butter, zerlassen + 20 g für die Form

2 EL Demerarazucker

300 g Sahne

50 g Vollmilchschokolade

3 TL gemahlene Gelatine

500 g Frischkäse

110 g Zucker

3 Mars-Riegel

Eine Springform (20 cm Ø) mit Butter einfetten.

Die Plätzchen in der Küchenmaschine fein mahlen. 150 g Butter hinzufügen und die Maschine dabei weiterlaufen lassen. Die Zutaten so lange verrühren, bis die Mischung glatt wird. Die Form damit auskleiden und den Teig dabei gut andrücken. Mit Frischhaltefolie abdecken und etwa 30 Minuten im Kühlschrank ruhen lassen, bis der Teig schön fest ist.

In einem kleinen Topf den Demerarazucker mit der restlichen Butter und 2 Esslöffel Sahne aufkochen und 1 Minute kochen lassen, bis ein flüssiger Karamell entstanden ist. Den Topf dann vom Herd nehmen.

Die Schokolade in kleine Stücke brechen und mit 2 Esslöffeln Sahne bei geringer Hitze in einem zweiten Topf unter Rühren schmelzen lassen oder in einem geeigneten Gefäß 1 Minute auf höchster Stufe in der Mikrowelle erhitzen und dabei zweimal umrühren.

Die restliche Sahne in eine Schüssel gießen und ins Gefrierfach stellen.

Die Gelatine mit etwas Wasser in ein kleines hitzebeständiges Gefäß geben, im Wasserbad erhitzen, unter Rühren auflösen und etwas abkühlen lassen.

Den Frischkäse mit dem Zucker glatt rühren.

Die Sahne aus dem Gefrierfach nehmen und mit dem Handmixer zu Schlagsahne schlagen (nicht zu lange schlagen, damit sie nicht zu Butter wird).

Die Mars-Riegel klein schneiden und mit der lauwarmen Gelatine unter den Frischkäse mischen. Anschließend die Sahne mit einem weichen Plastikteigschaber unterheben.

Die Hälfte der Creme auf dem Boden verstreichen, mit der Hälfte des Karamells und der Schokoladensauce überziehen und den Vorgang mit den restlichen Zutaten wiederholen. Um einen Marmorierungseffekt zu erzeugen, mehrmals einen Spieß durch die Karamell- und die Schokoladensauce ziehen. Den Kuchen danach mit Frischhaltefolie abdecken und 3 Stunden in den Kühlschrank stellen, bis die Creme fest ist.

Haselnusstarte

FÜR DEN HASELNUSS-MÜRBETEIG
90 g weiche Butter + 10 g für die Form
90 g Puderzucker
1 Ei
125 g Mehl, gesiebt
125 g gemahlene Haselnusskerne, gesiebt
2 Prisen Salz

FÜR DIE CREME
200 g Sahne
1 EL starker Kaffee
2 gestrichene EL Zucker
250 g Schokolade (70 % Kakaoanteil)
15 Haselnusskerne
50 g Butter, in kleinen Stücken
1 Ei, verquirlt

Für den Mürbeteig die weiche Butter in einer großen Schüssel mit dem Puderzucker vermengen. Dann nacheinander das Ei, Mehl, gemahlene Haselnusskerne und Salz unterrühren. Den Teig leicht durchkneten, zu einer Kugel formen, in Frischhaltefolie einschlagen und 4 Stunden im Kühlschrank ruhen lassen.

Den Backofen auf 180 °C vorheizen und eine Springform mit Butter einfetten.

Den Teig aus dem Kühlschrank nehmen und in zwei gleich große Portionen teilen. Eine Portion wieder zu einer Kugel formen, in Frischhaltefolie einschlagen und für eine spätere Verwendung aufbewahren (maximal 4 Tage im Kühlschrank; mehrere Monate in der Gefriertruhe). Die zweite Portion ausrollen und die Form dünn und gleichmäßig damit auslegen.

Mit Alufolie abdecken und mit einer etwas kleineren Form oder getrockneten Hülsenfrüchten beschweren und 30 Minuten blindbacken.

Anschließend aus dem Ofen nehmen und auf einem Kuchengitter etwas abkühlen lassen.

Für die Creme die Sahne mit dem Kaffee und Zucker in einem mittelgroßen Topf aufkochen.

Inzwischen die Schokolade in kleine Stücke brechen und die Haselnusskerne mit dem Messer grob hacken.

Sobald die Sahne kocht, den Topf vom Herd nehmen, die Schokolade hinzufügen und kräftig rühren. Butter, Haselnusskerne und das Ei dazugeben und so lange rühren, bis die Mischung glatt ist.

Die Creme etwas abkühlen lassen und lauwarm auf dem Boden verstreichen. Die Tarte auskühlen lassen und danach in den Kühlschrank stellen.

Allerlei
»Schokoladiges«

Schokoladentatar mit Lebkuchen und Ingwer

120 g Zartbitterschokolade (oder Schokolade mit Chili)

35 g kandierter Ingwer

35 g Lebkuchen (nur die Krume)

35 g Walnusskerne

½ TL Piment d'Espelette (ersatzweise Cayennepfeffer)

1 TL Vanillezucker

Sprühsahne

2 Eier oder 4 leere Eierschalenhälften (zum Dekorieren)

100 ml Orangensaft

Die Schokolade mit dem Messer fein hacken.

Den Ingwer unter fließendem Wasser abspülen, um die Zuckerkristalle zu entfernen, und mit Küchenpapier trocken tupfen.

Lebkuchen und Ingwer in sehr kleine Würfel schneiden.

Die Nüsse grob hacken.

Die Zutaten in einer Schüssel mit einem Löffel mischen und Piment d'Espelette und Vanillezucker hinzufügen.

Vorsichtig 4 Esslöffel Sprühsahne unterrühren.

Das Tatar auf vier Dessertschalen verteilen und mit Sahne verzieren.

Die Eier aufschlagen, die Schalen mit Wasser ausspülen (Eigelbe und Eiweiße für ein anderes Gericht aufheben), mit Orangensaft füllen und sofort mit dem Tatar servieren. Den Orangensaft am Tisch über das Tatar gießen.

Statt Ingwer können Sie auch 45 g
Cocktailkirschen verwenden.

Französischer Dreikönigskuchen mit Schokolade

2 Eier + 1 Ei zum Bestreichen

100 g Zucker

1 Päckchen Vanillezucker

1 Prise Salz

130 g weiche Butter

1 EL Rum

30 g Kakaopulver

130 g gemahlene Mandeln

2 Rollen backfertiger Blätterteig

1 weißer Bohnenkern

Den Backofen auf 180 °C vorheizen.

Die Eier mit Zucker, Vanillezucker und Salz verrühren, die Butter hinzufügen und die Zutaten mit einer Gabel vermengen.

Rum, Kakao und gemahlene Mandeln unterrühren.

1 Scheibe Blätterteig mit dem Backpapier auf ein Backblech legen und mit der Mischung bestreichen. Dabei einen 1 cm breiten Rand frei lassen.

Den Bohnenkern darauflegen.

Das restliche Ei in einer Schüssel mit einer Gabel verquirlen und den freien Teigrand damit bepinseln. Die zweite Teigscheibe darauflegen, den Rand gut andrücken und mit einem Messer rundherum einschneiden.

Mit einem Messer längs und quer mehrere parallele Linien in den Teig ritzen, sodass ein Rautenmuster entsteht, mit dem verquirlten Ei bepinseln und 25 Minuten goldbraun backen.

Schokoladenzabaione

150 ml Milch

50 g Schokolade (70 % Kakaoanteil)

4 Eigelb

40 g Zucker

1 EL Kakaolikör

Die Milch zum Kochen bringen.

In der Zwischenzeit die Schokolade in kleine Stücke hacken.

Die Milch vom Herd nehmen und die Schokolade unter Rühren darin schmelzen.

Eigelbe und Zucker im Wasserbad kräftig mit dem Schneebesen verrühren. Nach und nach die Schokoladenmilch unterrühren und so lange weiterschlagen (mindestens 10 Minuten), bis die Mischung dick und schaumig ist. Die Wände der Schüssel dabei von Zeit zu Zeit mit einem Teigschaber säubern. Sollte die Eischaumcreme an den Wänden der Schüssel haften bleiben, die Schüssel rasch vom Wasserbad nehmen und die Creme kräftig schlagen.

Den Kakaolikör unterrühren, die Zabaione auf Gläser oder Dessertschalen verteilen und warm mit Amaretti servieren.

Schokobananen mit Kokosnuss

2 nicht zu reife Bananen

150 g Zartbitterschokolade

60 g Butter

1 Prise Salz

50 g gemahlene Kokosnuss

Die Bananen schälen und halbieren. In die Schnittflächen jeweils einen hölzernen Schaschlikspieß stecken, die Hälften auf eine mit Backpapier ausgelegte Platte legen und 1 Stunde ins Gefrierfach legen.

Die Schokolade in Stücke und die Butter in kleine Würfel schneiden.

Die Schokolade in einem kleinen Topf bei sehr geringer Hitze schmelzen lassen. Sobald sie zu schmelzen beginnt, mit einem Holzspatel umrühren. Die Butter dazugeben und ebenfalls schmelzen lassen. Das Salz hinzufügen und noch einmal umrühren.

Die Kokosnuss in einen Suppenteller geben.

Die Bananen in die lauwarme Schokolade tauchen, in der Kokosnuss wenden und auf Backpapier trocknen lassen.

Sofort servieren oder im Kühlschrank aufbewahren.

Crêpes mit Schokolade und Rum

Ergibt etwa 20 Stück * Zubereitung 10 Minuten * Kühlzeit
1 Nacht * Backzeit 2 Minuten * Ruhezeit 1 Stunde

1 Vanilleschote, 500 ml Milch, 30 g Butter + 10 g zum
Backen, 3 Eier, 180 g Zucker, 10 cl brauner Rum, 100 g Mehl,
50 g Kakaopulver

Die Vanilleschote der Länge nach aufschlitzen und das Mark mit einem Teelöffel herausschaben.

Die Milch in einem Topf mit Vanilleschote und -mark aufkochen lassen, in eine Schüssel gießen, abkühlen lassen und über Nacht in den Kühlschrank stellen.

Am folgenden Tag die Butter zerlassen und abkühlen lassen.

Die Eier in einer großen Schüssel mit dem Zucker schaumig schlagen.

Rum, Butter, Mehl, Kakao und zum Schluss die abgeseihte Vanillemilch unterrühren, den Teig anschließend mit Frischhaltefolie abdecken und 1 Stunde im Kühlschrank ruhen lassen.

Eine beschichtete Pfanne bei starker Hitze heiß werden lassen und mit etwas Butter einpinseln. ½ Schöpflöffel Teig hineingießen und die Pfanne schwenken, um den Teig auf dem Boden der Pfanne zu verteilen. 2 Minuten bei mittlerer Hitze backen, den Crêpe danach wenden und 1 Minute auf der anderen Seite backen. Aufrollen und warm stellen. Mit dem restlichen Teig ebenso verfahren.

Leichte Schokoladencrepes

120 G MEHL
25 G ZUCKER + ZUCKER ZUM BESTREUEN
1 GEHÄUFTER EL KAKAOPULVER
3 SEHR GROSSE EIER
750 ML FETTARME MILCH
3 EL RUM
10 G BUTTER ZUM BACKEN

Das Mehl in einer großen Schüssel mit Zucker und Kakao-pulver mischen. Die Eier einzeln unterrühren und zum Schluss die Milch und den Rum hinzufügen.

Eine beschichtete Pfanne bei mittlerer bis starker Hitze heiß werden lassen und mit Butter einstreichen.

Einen halben Schöpflöffel Teig hineingießen und die Pfanne schwenken, damit er sich auf dem Boden verteilt.

2 Minuten bei mittlerer Hitze backen, mit Zucker bestreuen und aufrollen. Mit dem restlichen Teig ebenso verfahren.

Die Crêpes heiß oder lauwarm servieren.

Damit die Crêpes biegsam und weich bleiben, dürfen sie nur auf einer Seite gebacken und nicht noch einmal erhitzt werden.
Sie können die Crêpes noch mit Zimt bestreuen und ein Stückchen gesalzene Butter daraufgeben.
Dazu passt hervorragend eine Karamellsauce mit Balsamico-Essig (s. S. 26).

Gefüllte Waffeln

100 g Sahne

100 g Schokolade (70 % Kakaoanteil)

200 g reife Rote Johannisbeeren oder andere Beeren

1 Päckchen Vanillezucker

1 Eiweiß

1 Prise Salz

4 Waffeln

etwas Puderzucker zum Bestäuben

Die Sahne in eine Schüssel gießen und 20 Minuten ins Gefrierfach stellen.

Inzwischen die Schokolade schmelzen und bei Zimmertemperatur ruhen lassen.

Die Johannisbeeren von den Rispen streifen.

Die Sahne schlagen und gegen Ende den Vanillezucker unterrühren.

Das Eiweiß mit dem Salz steif schlagen. Mit der Schlagsahne unter die Schokolade heben. Die Mischung anschließend 3 Stunden kalt stellen.

Die Waffeln einige Minuten im 210 °C heißen Backofen oder im Toaster aufbacken.

Die Schokoladenmousse in einen Spritzbeutel füllen und die Waben der Waffeln damit füllen. Mit Johannisbeeren garnieren, mit Puderzucker bestäuben – und hineinbeißen!

Ich besitze gar keinen Spritzbeutel. Den mache ich mir immer selbst aus einem Gefrierbeutel. Einfach eine Spitze in der gewünschten Größe abschneiden – fertig ist der Wegwerfspritzbeutel. Einfach und hygienisch!

photo: @ Julie

Für 6–8 Personen • Zubereitung 15 Minuten • Backzeit 5 Minuten

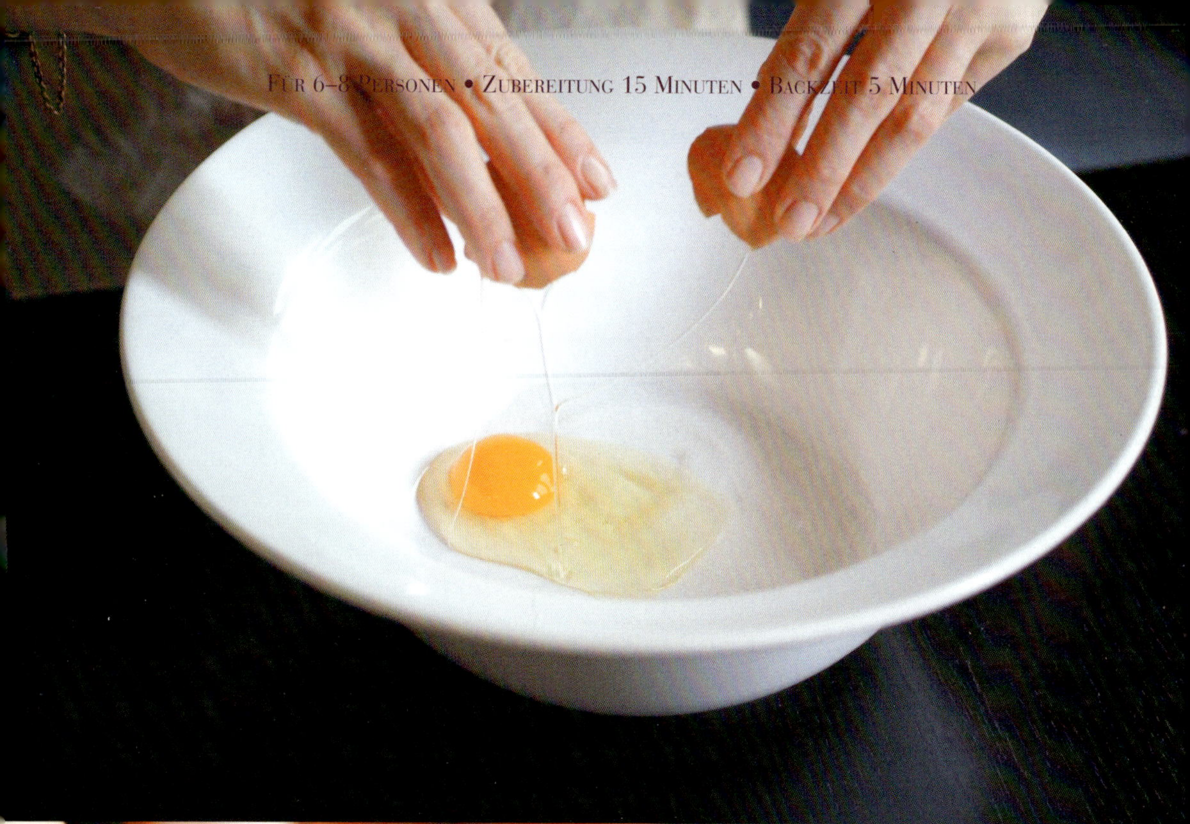

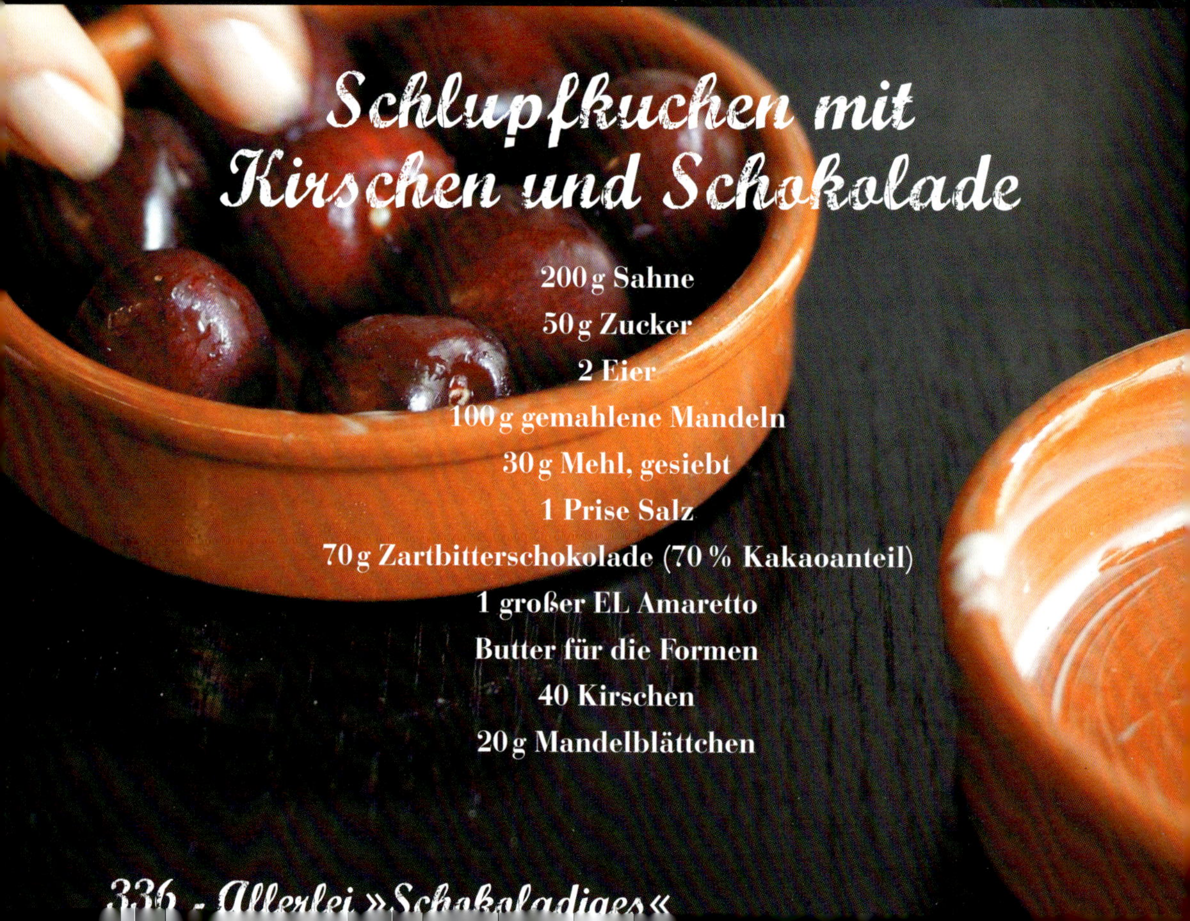

Schlupfkuchen mit Kirschen und Schokolade

200 g Sahne
50 g Zucker
2 Eier
100 g gemahlene Mandeln
30 g Mehl, gesiebt
1 Prise Salz
70 g Zartbitterschokolade (70 % Kakaoanteil)
1 großer EL Amaretto
Butter für die Formen
40 Kirschen
20 g Mandelblättchen

Den Backofen auf 160 °C vorheizen.

Die Sahne in einer Schüssel mit dem Zucker verrühren und dann nacheinander Eier, gemahlene Mandeln, Mehl und Salz unterrühren.

Die Schokolade schmelzen und ebenfalls unterrühren. Zum Schluss den Amaretto hinzufügen.

4 kleine Auflaufformen oder Souffléförmchen mit Butter einfetten, die gewaschenen (nicht entsteinten) Kirschen darin verteilen (die Kirschen dürfen nicht übereinander liegen) und den Teig darübergießen.

18 Minuten backen, anschließend aus dem Ofen nehmen und etwas abkühlen lassen.

Mit den Mandelblättchen bestreuen und zimmerwarm servieren.

Schokoladenrisotto

50 g Schokolade (60–70 % Kakaoanteil)

50 g getrocknete Feigen

1 Beutel schwarzer Tee

40 g Butter

120 g Risottoreis

100 ml weißer Dessertwein

½ Safrankapsel

1 EL Puderzucker

20 g Haselnusskerne, grob gehackt

1 Msp. Fleur de Sel

Schokolade und Feigen klein schneiden.

In einem kleinen Topf 600 ml Wasser zum Kochen bringen, die Herdplatte ausschalten, den Teebeutel hineingeben und 4 Minuten ziehen lassen. Den Teebeutel anschließend herausnehmen und den Tee am Köcheln halten.

In einem mittelgroßen Topf die Hälfte der Butter zerlassen und den Reis 2 Minuten unter Rühren glasig schwitzen.

Den Wein angießen und 1 Minute umrühren. Etwas Tee angießen und so lange rühren, bis der Reis die Flüssigkeit aufgesogen hat. Den Vorgang etwa 18 Minuten lang wiederholen und danach prüfen, ob der Reis gar ist (er sollte noch etwas Biss haben – eventuell werden Sie nicht den ganzen Tee benötigen).

Safran, Puderzucker und Feigen unterrühren und den Topf vom Herd nehmen. Die restliche Butter und die Schokolade hinzufügen (ohne umzurühren), den Deckel auflegen und Butter und Schokolade 5 Minuten schmelzen lassen.

Inzwischen die gehackten Nusskerne ohne Zugabe von Fett in einer beschichteten Pfanne rösten.

Den Reis umrühren und auf kleine Schalen verteilen. Mit etwas kochend heißem Tee begießen, mit Fleur de Sel und den Nüssen bestreuen und servieren.

Schokoladen-Millefeuilles

200 g Zartbitterschokolade

6 Eier

1 Prise Salz

2 TL Butter

2 Filoteigblätter

1 EL Puderzucker

1 EL Kakaopulver

2 TL gemahlener Krokant

Die Schokolade in Stücke brechen und bei sehr geringer Hitze in einem Topf oder im Wasserbad schmelzen. Sobald sie zu schmelzen beginnt, vorsichtig mit einem Spatel umrühren. Glatt rühren, vom Herd nehmen und abkühlen lassen.

Die Eier trennen und die Eigelbe mit dem Schneebesen kräftig mit der geschmolzenen Schokolade verrühren.

Die Eiweiße mit dem Salz mit dem Handmixer steif schlagen. Dabei auf niedrigster Stufe beginnen und die Geschwindigkeit allmählich erhöhen. Den Eischnee anschließend vorsichtig unter die Schokoladenmischung heben.

In eine Schüssel füllen, mit Frischhaltefolie abdecken und mindestens 3 Stunden im Kühlschrank ruhen lassen.

30 Minuten vor dem Servieren den Backofen auf 240 °C vorheizen und die Mousse aus dem Kühlschrank nehmen.

Ein Backblech mit Backpapier auslegen und die Butter in einem kleinen Topf zerlassen.

In der Zwischenzeit die Teigblätter in jeweils 8 gleich große Stücke teilen. Auf beiden Seiten mit der geschmolzenen Butter bepinseln, auf das Backblech legen und 1 ½ Minuten in den Backofen schieben.

Die Millefeuilles anschließend zusammensetzen. Dazu 1 Teigquadrat auf einen Teller legen und mit einem Löffel Mousse bestreichen. Den Vorgang zweimal wiederholen. Mit den restlichen Zutaten ebenso verfahren.

Mit Puderzucker und Kakaopulver bestäuben, mit dem gemahlenen Krokant bestreuen und sofort servieren.

Anstelle von Filoteig können Sie auch
Brickblätter nehmen.

Quitten mit Schokoladensauce

4 kleine Quitten

300 g Vergeoisezucker (ersatzweise Muscovadozucker)

50 g Schokolade (70 % Kakaoanteil)

4 Sandplätzchen

Die Quitten schälen. Den Zucker mit 500 ml Wasser in einen Topf geben, die Quitten hineinlegen, aufkochen und 30 Minuten bei geringer Hitze köcheln lassen.

Die Quitten abgießen und die Kochflüssigkeit dabei auffangen.

Die Schokolade in kleine Stücke brechen. 100 ml des kochend heißen Sirups abmessen und die Schokolade unter Rühren darin schmelzen.

Die Plätzchen zerkrümeln und auf vier Dessertschalen verteilen. Die Quitten darauf anrichten, mit der Schokolade überziehen und sofort servieren.

Der herbe, intensive Lakritzgeschmack des Vergeoisezuckers passt hervorragend zu den säuerlichen Quitten.

Trifles
und Tiramisus

Beide Desserts stammen zwar aus unterschiedlichen Ländern, haben aber eine Gemeinsamkeit: Sie werden mit Löffelbiskuits oder Keksen und einer Creme zubereitet.

Das englische Trifle wird traditionell im Glas serviert, was die Zubereitung und das Servieren einfacher macht. Das italienische Tiramisu wird dagegen in der Regel in einer Form serviert.

Im Unterschied zum Tiramisu, das in der Regel stets aus den gleichen Zutaten (Genueser Teig oder Löffelbiskuits, die mit Marsala oder Amaretto aromatisiert werden, Mascarpone und Eischnee, Kakaopulver), hergestellt wird, lässt das Trifle mehr Spielraum für Variationen. Er besteht traditionell aus zerkrümelten Keksen, die mit Alkohol beträufelt werden, frischen Früchten oder Kompott, einem Custard (eine Mischung aus Vanillesauce und Konditorcreme, die sich sehr gut mit Schokolade anreichern lässt) und Schlagsahne.

Bei meinem Tiramisu à la Julie kommt zwischen Biskuits und Creme noch eine dünne Schicht geschmolzene Schokolade, die einen interessanten Kontrast bildet. Mit dem Alkohol sollten Sie bei beiden Desserts nicht zu verschwenderisch umgehen, damit er den Schokoladengeschmack nicht überdeckt.

Tiramisu à la Julie

6 Eier

130 g Zucker

1 EL Amaretto

500 g Mascarpone

1 Prise Salz

200 ml sehr starker Kaffee

3 EL Cognac oder Marsala

250 g sehr weiche Löffelbiskuits

150 g Schokolade (70 % Kakaoanteil)

Die Eier trennen. Die Eigelbe in einer großen Schüssel mit Zucker und Amaretto schaumig schlagen. Den Mascarpone hinzufügen und 1 Minute weiterschlagen.

Die Eiweiße und das Salz mit dem Handmixer steif schlagen. Dabei auf niedrigster Stufe beginnen und die Geschwindigkeit allmählich erhöhen. Den Eischnee anschließend mit einem weichen Plastikteigschaber vorsichtig unter die Mascarponecreme heben.

Den Kaffee mit dem Cognac oder Marsala verrühren und die Hälfte der Biskuits kurz darin tränken. Die Biskuits zerkrümeln und auf acht Gläser mit geradem Boden oder auf dem Boden einer Auflaufform verteilen. Mit etwas Kaffee beträufeln und die Hälfte der Mascarponecreme darauf verstreichen.

Die restlichen Biskuits im Kaffee tränken, zerkrümeln und auf der Creme verteilen. Mit der restlichen Creme überziehen.

Das Tiramisu mit Frischhaltefolie abdecken und mindestens 3 Stunden in den Kühlschrank oder 40 Minuten ins Gefrierfach stellen.

Unmittelbar vor dem Servieren die Schokolade in kleine Stücke brechen und in einem Topf bei sehr geringer Hitze oder im Wasserbad schmelzen. Sobald sie zu schmelzen beginnt, vorsichtig mit einem Spatel umrühren. Glatt rühren und auf dem Tiramisu verteilen. Sie können natürlich (wie auf dem Foto rechts) die Creme auch – wie es das traditionelle Rezept vorsieht – einfach mit Kakaopulver bestäuben.

Tiramisu mit weißer Schokolade

4 Eier

100 g weiße Schokolade

250 g Mascarpone

40 g Zucker

2 Tässchen Espresso oder starker Kaffee

2 EL heller Rum

150 g Löffelbiskuits

Kakaopulver zum Bestäuben

Die Eier trennen und beiseitestellen.

Die Schokolade in kleine Stücke brechen, in ein großes, mikrowellengeeignetes Gefäß geben und in der Mikrowelle oder in einem Wasserbad schmelzen. Mascarpone und Eigelbe kräftig mit der geschmolzenen Schokolade verrühren, bis eine glatte Creme entstanden ist.

Die Eiweiße mit dem Handmixer steif schlagen. Wenn der Eischnee fast fest ist, den Zucker einrieseln lassen und dabei laufend weiterschlagen. Den Eischnee anschließend mit einem weichen Plastikteigschaber vorsichtig unter die Mascarponecreme heben.

Den Kaffee mit dem Rum verrühren. Die Hälfte der Biskuits kurz darin tränken, den Boden einer kleinen, quadratischen Form damit auslegen und die Hälfte der Mascarponecreme darauf verstreichen. Die restlichen Biskuits im Kaffee tränken, auf der Creme verteilen und mit der restlichen Creme überziehen.

Das Tiramisu mit Frischhaltefolie abdecken und über Nacht in den Kühlschrank stellen.

Das Tiramisu 30 Minuten vor dem Servieren aus dem Kühlschrank nehmen und unmittelbar vor dem Servieren mit Kakaopulver bestäuben. Alternativ kann man auch (wie auf dem Foto rechts) Schokoraspel darüberstreuen.

Trifle mit Himbeeren und Kakaosorbet

125 g Waffelröllchen

1 Fläschchen Schokoladensauce

300 g Himbeeren (frisch oder tiefgekühlt)

2 EL Kirschwasser

4 Kugeln Kakaosorbet

Die Waffelröllchen zerkrümeln und auf vier kleine Gläser verteilen.

Die Schokoladensauce leicht erwärmen, mit den Himbeeren (tiefgekühlte Früchte vorher auftauen) verrühren und das Kirschwasser unterrühren.

Die Sorbetkugeln auf die Gläser verteilen und mit der Himbeer-Schokoladen-Sauce überziehen.

5 Minuten ruhen lassen und servieren.

Trifle mit Banane und Karamell

200 g Sahne

200 g Spekulatius

3 sehr reife Bananen

1 Päckchen Vanillezucker

6 EL Portwein

60 g ganze Haselnusskerne

FÜR DEN KARAMELL
150 g Zucker

100 g Sahne

50 g Butter in kleinen Stücken

60 g Kakaopulver

1 Prise Salz

Die Sahne in eine große Schüssel gießen und 30–45 Minuten ins Gefrierfach stellen. Die Spekulatius grob zerkrümeln. Die Bananen schälen und in Scheiben schneiden.

Für den Karamell den Zucker in einem Topf mit 1 Esslöffel Wasser erhitzen, bis ein goldgelber Karamell entstanden ist. Dabei nicht umrühren. Den Topf vom Herd nehmen, 100 g Sahne, Butter, Kakao und Salz hinzufügen, die Zutaten kräftig mit dem Schneebesen verrühren und den Karamell noch einmal kurz erhitzen und schmelzen lassen.

Die Hälfte des Karamells auf sechs Gläser verteilen. Die Hälfte der Spekulatiuskrümel daraufgeben und jeweils mit ½ Esslöffel Portwein beträufeln. Die Bananenscheiben darauf verteilen, den restlichen Karamell und danach den restlichen Spekulatius darauf verteilen und wiederum mit je ½ Löffel Portwein beträufeln.

Die Sahne mit dem Handmixer nicht ganz steif schlagen, den Vanillezucker unterschlagen und auf die Gläser verteilen.

Die Nüsse unter dem Backofengrill rösten, schälen, grob hacken und die Trifles unmittelbar vor dem Servieren damit bestreuen.

Den Portwein können Sie durch Rum ersetzen. Der würzige
Spekulatius eignet sich hervorragend für Schokoladendesserts.

Trifle mit Erdbeeren, Rosenwasser und weißer Schokolade

300 g Erdbeeren

2 EL Rosenwasser

180 g weiße Schokolade

1 EL Speisestärke

4 große Löffelbiskuits

Schlagsahne

Die Erdbeeren waschen und entstielen. 50 g zum Dekorieren beiseitelegen. Die restlichen Früchte halbieren oder vierteln und bei mittlerer Hitze in einem kleinen Topf mit dem Rosenwasser erhitzen. 1 Minute köcheln lassen, vom Herd nehmen und abgießen. Die Kochflüssigkeit dabei auffangen und in einen Messbecher gießen. Mit Wasser auf 250 ml auffüllen, wieder in den Topf gießen und aufkochen lassen.

Den Topf vom Herd nehmen und die zerkleinerte Schokolade unter Rühren darin schmelzen lassen. Die Speisestärke mit 3 Esslöffel der heißen Flüssigkeit anrühren und bei geringer Hitze unter die Schokolade rühren, bis eine sämige Creme entstanden ist. Den Topf vom Herd nehmen und die Creme abkühlen lassen.

Die Löffelbiskuits grob zerkleinern und auf vier Gläser verteilen, mit Erdbeeren bedecken und mit der Schokoladencreme überziehen. Mit Frischhaltefolie abdecken und mindestens 4 Stunden kalt stellen.

Mit Schlagsahne und frischen Erdbeeren garnieren und servieren.

Wer es lieber säuerlich mag, kann die Erdbeeren auch in 1 Esslöffel Balsamico-Essig kochen.

Montblanc-Becher

600 g Sahne

50 g Zartbitterschokolade

1 EL Rum

125 g Maronencreme (Fertigprodukt)

2 Päckchen Bourbon-Vanillezucker

einige Körnchen Instant-Kaffeepulver

400 g Sahne in eine Schüssel gießen und in den Kühlschrank stellen. Die restliche Sahne in einem kleinen Topf aufkochen.

Die Schokolade in Stücke brechen und unter Rühren in der Sahne schmelzen lassen. Anschließend den Rum, die Maronencreme und 1 Päckchen Vanillezucker unterrühren und die Creme mindestens 2 Stunden kalt stellen.

Die gekühlte Sahne mit dem restlichen Vanillezucker schlagen und ebenfalls kalt stellen.

Die Schokoladen-Maronen-Creme in einen Spritzbeutel füllen, auf vier Gläser verteilen und mit einer Sahnehaube verzieren.

Mit dem Kaffeepulver bestreuen und servieren.

Wer mag, kann noch ein paar zerkrümelte kandierte Maronen unter die Sahne mischen.

Trüffel

Meine ersten Trüffel waren geradezu ein Frevel. Meine Freundin Delphine hatte sich das Rezept ausgedacht. Sie bestanden zu gleichen Teilen aus Margarine und Nesquik, die wir mit den Händen verknetet hatten. Nachdem wir unsere Trüffel kurz in den Kühlschrank gelegt hatten, warfen wir sie, um sie mit dem obligatorischen Kakao-überzug zu versehen, einfach in die Nesquik-Dose und schüttelten diese kräftig. Sie können sich vermutlich ausmalen, was uns erwartete, als wir die Dose öffneten ... Aber immerhin – das Grund-prinzip hatten wir erkannt.

Nach diesem Geständnis kann ich nur hoffen, dass Sie immer noch meinen kulinarischen Fähigkei-ten vertrauen. Immerhin stelle ich inzwischen wesentlich höhere Ansprüche (Delphine übrigens auch), und meine Trüffel, so versichern mir wenigstens die meisten Tester, zeugen heute doch von deutlich mehr Professionalität. Machen Sie die Probe aufs Exempel und probieren Sie die folgenden Rezepte selbst einmal aus. Ihre Gäste werden begeistert sein.

Ein paar kleine Tipps, damit Ihre Trüffel garantiert gelingen:

1) Trüffel sind kinderleicht herzustellen, aber bei den Zutaten sollte man unbedingt auf Qualität achten. Verwenden Sie also eine gute Butter und eine gute Schokolade, die möglichst, abgesehen von der Kakaobutter, keine Pflanzenfette enthält (sehen Sie auf der Verpackung nach), denn diese machen die Schokolade weich und weniger aromatisch.

2) Die Ganache möglichst bereits am Vortag herstellen und die Trüffel 2–3 Stunden vor dem Servieren formen.

3) Ein Teil der Sahne kann durch Alkohol ersetzt werden, der aber erst zum Schluss hinzugefügt werden darf.

4) In einem luftdicht verschlossenen Behälter können die Trüffel 2 Wochen im Kühlschrank aufbewahrt werden.

Trüffel mit Maronencreme

200 g Schokolade (70 % Kakaoanteil)

125 g Butter

2 EL Whisky oder Cognac

100 g Kakaopulver + 1 EL für den Überzug

300 g Maronencreme mit Vanille (Fertigprodukt; im Internethandel)

Die Schokolade in Stücke brechen und bei sehr geringer Hitze in einem Topf oder in einem Wasserbad schmelzen. Sobald sie zu schmelzen beginnt, vorsichtig mit einem Spatel umrühren. Glatt rühren, die Butter unterrühren und den Topf vom Herd nehmen.

Whisky oder Cognac und das Kakaopulver hinzufügen und die Zutaten mit dem Schneebesen zu einer glatten Creme verrühren. Anschließend die Maronencreme unterziehen.

Die Mischung in eine Schüssel füllen, mit Frischhaltefolie abdecken und 2 Stunden in den Kühlschrank stellen.

Mit einem Löffel kleine Häufchen von der Masse abstechen, zwischen den Handflächen zu kleinen Kugeln rollen und im restlichen Kakaopulver wälzen.

Die Trüffel in den Kühlschrank legen und 30 Minuten vor dem Servieren herausnehmen.

Trüffel mit Puffreis

250 g Vollmilchschokolade mit Puffreis

100 g Butter, in kleinen Stücken

50 g Sahne

1 Ei

etwas Kakaopulver

Die Schokolade in Stücke brechen und bei sehr geringer Hitze in einem Topf oder im Wasserbad schmelzen. Sobald sie zu schmelzen beginnt, vorsichtig mit einem Spatel umrühren. Glatt rühren, die Butter unterrühren und den Topf vom Herd nehmen.

Die Sahne und danach das Ei unterrühren, die Mischung in eine Schüssel gießen und 2 Stunden ins Gefrierfach stellen.

Die Schüssel anschließend aus dem Gefrierfach nehmen, mit einem Löffel kleine Häufchen von der Masse abstechen, zwischen den Handflächen zu kleinen Kugeln rollen und im Kakaopulver wälzen.

TIPP: Die Schokolade nicht zu stark erhitzen, damit der Reis nicht weich wird.

Truffes d'amour

30 g kandierte Orangenschalen

100 g Sahne

200 g weiße Schokolade

20 g gesalzene Butter, in kleinen Stücken

4 EL Orangenlikör

200 g Schokolade (50–60 % Kakaoanteil)

Die Orangenschalen grob hacken.

Die Sahne in einem großen Topf bei mittlerer Hitze kurz aufkochen lassen und danach vom Herd nehmen. Die Hälfte der weißen Schokolade in Stücke brechen und unter Rühren in der Sahne schmelzen lassen. Den Topf gegebenenfalls noch einmal kurz auf die Herdplatte stellen und die Schokolade bei sehr geringer Hitze vollständig schmelzen lassen. Butter, Orangenlikör und Orangenschalen unterrühren, die Ganache in eine Schüssel füllen, mit Frischhaltefolie abdecken und mindestens 2 Stunden im Kühlschrank fest werden lassen.

Ein Backblech (das Blech muss in Ihren Kühlschrank passen) mit Backpapier auslegen.

Mit zwei Teelöffeln kleine Kugeln (etwa 2,5 cm Ø) aus der Ganache formen, auf das Blech setzen und mindestens 1 Stunde im Gefrierfach fest werden lassen.

Die Trüffel zwischen den Handflächen rollen, um sie in eine schöne runde Form zu bringen, wieder auf das Backblech setzen und beiseitestellen.

Die restliche weiße Schokolade bei sehr geringer Hitze in einem Topf oder in einem Wasserbad unter Rühren schmelzen lassen, glatt rühren und vom Herd nehmen.

Die Trüffel einzeln mit zwei Gabeln festhalten und in die geschmolzene Schokolade tauchen (dabei darauf achten, dass Sie nicht hineinstechen). Die überschüssige Schokolade abtropfen lassen, dazu mit den Gabeln gegen den Rand des Topfes klopfen.

Die Trüffel wieder auf das Backblech setzen und etwa 2 Stunden in den Kühlschrank stellen, bis die Schokolade hart geworden ist.

In einer kleinen mikrowellengeeigneten Schüssel die dunkle Schokolade 1 Minute auf niedriger bis mittlerer Stufe schmelzen lassen und so lange rühren, bis sie vollkommen geschmolzen und glatt ist.

Die geschmolzene Schokolade in einen kleinen Gefrierbeutel füllen, den Beutel verschließen und ein kleines Loch in eine Ecke bohren. Den Beutel vorsichtig drücken, die Trüffel mit feinen dunklen Schokoladenlinien verzieren und bis zum Servieren in den Kühlschrank stellen.

Trüffel mit Matcha

20 g Butter

200 g Vollmilchschokolade

100 g Crème double

3 EL Matcha (pulverisierter grüner Tee)

Butter und Schokolade 2 Minuten bei 750 Watt in der Mikrowelle schmelzen. Nach 1 Minute umrühren.

Die geschmolzene Schokolade nochmals umrühren und mit der Crème double zu einer glatten Creme verrühren.

Mit Frischhaltefolie abdecken und 3 Stunden (am besten sogar über Nacht) in den Kühlschrank stellen.

Mit einem Löffel kleine Häufchen von der Masse abstechen, zwischen den Handflächen zu kleinen Kugeln rollen und im Teepulver wälzen.

Sofort servieren oder im Kühlschrank aufbewahren.

Register

Rezepte nach Gruppen

Rezepte alphabetisch

Dank

Ich danke allen, die zur Entstehung dieses Buchs beigetragen haben: meinem treuen Vorkoster, der tapfer die Kilos getragen hat, die er beim Probieren meiner Kreationen zugelegt hat, Jacky und Émilie Cukier für ihre Gastfreundschaft, Claude Lebey und dem Club des Croqueurs de Chocolat, dafür, dass sie meine Begeisterung für ihr Metier geweckt haben, Martine Jolly für ihr wunderbares Buch *Chocolat une passion dévorante*, Pierre Marcolini für sein Können und sein Gespür, Pierre Hermé, der mir eine unerschöpfliche Quelle der Inspiration war, Régis Pagniez, der mit dem Kochlöffel genauso gut umgehen kann wie mit dem Bleistift, und Marianne Moreno für ihre wertvolle Mitarbeit.

DORLING KINDERSLEY

London, New York, Melbourne, München und Delhi

Food Styling Sandra Mahut
Rezeptfotos Charlotte Lascève, außer: S. 205, 287, 363/Julie Andrieu
Porträtfotos Karym Bagoée
Lektorat Marianne Moreno

Für die deutsche Ausgabe
Programmleitung Monika Schlitzer
Projektbetreuung Elke Homburg
Herstellungsleitung Dorothee Whittaker
Herstellung Ines Tuszynski

Bibliografische Information der Deutschen Bibliothek:

Die Deutsche Bibliothek verzeichnet diese Publikation in der Deutschen Nationalbibliografie;detaillierte bibliografische Daten sind im Internet über http://dnb.ddb.de abrufbar.

Titel der französischen Originalausgabe:
LE B.A.-BA DU CHOCOLAT

Der Originaltitel erschien 2006 in Frankreich bei Marabout, Paris

© Marabout 2006

Alle Rechte vorbehalten. Jegliche – auch auszugsweise – Verwertung, Wiedergabe, Vervielfältigung oder Speicherung, ob elektronisch, mechanisch, durch Fotokopie oder Aufzeichnung bedarf der vorherigen schriftlichen Genehmigung durch die Copyright-Inhaber.

© der deutschsprachigen Ausgabe by Dorling Kindersley Verlag GmbH, München, 2010

Alle deutschsprachigen Rechte vorbehalten

Übersetzung Barbara Holle
Redaktion Katja Treu

ISBN 978-3-8310-1724-9

Druck und Bindung Firmengruppe Appl, Wemding

Besuchen Sie uns im Internet
www.dorlingkindersley.de